Workbook and Audio Activities

GLENCOE FRENCH 2

Bon voyage!

Conrad J. Schmitt
Katia Brillié Lutz

 Glencoe

New York, New York   Columbus, Ohio   Chicago, Illinois   Peoria, Illinois   Woodland Hills, California

Glencoe

The McGraw·Hill Companies

Send all inquiries to:
Glencoe/McGraw-Hill
8787 Orion Place
Columbus, OH 43240-4027

ISBN: 0-07-865662-1

Printed in the United States of America.

17 18 19 20 21 HES 12 11

Contents

Workbook

Audio Activities

Workbook

Révision
A

Les copains et l'école

Vocabulaire et Conversation

1 **Valérie et Thomas** Complétez.

1. Valérie n'est pas américaine. Elle est _____.

2. Quelle est sa _____? Elle est américaine ou française?

3. Valérie est _____ dans un _____.

4. Un _____ est une école secondaire en France.

5. Thomas est français aussi. Il n'est pas _____.

6. Thomas n'est pas le frère de Valérie. Thomas est son _____.

7. Thomas est très bon élève. Il est très _____.

8. Thomas va au _____ de français.

9. Il fait du français avec M. David. M. David est son _____ de français.

10. M. David est un très bon professeur. Il est _____.

2 **Au cours de français** Complétez.

1. Marc va au cours de français.

   Il va _____?

2. Marc parle au professeur de français.

   _____ parle au professeur de français?

3. Marc parle au professeur de français.

   Marc parle à _____?

4. Il parle au professeur dans la salle de classe.

   Il parle au professeur _____?

5. Le professeur est sympathique.

   _____ est le professeur?

6. Marc parle au professeur après le cours.

   _____ est-ce qu'il parle au professeur?

Nom _____ Date _____

Structure L'accord des adjectifs

 Quel adjectif? Complétez en utilisant les adjectifs entre parenthèses.

1. Le frère de Valérie est très _____. (amusant)

2. La sœur d'Olivier est _____. (blond)

3. Le prof n'est pas très _____. Juste un peu. (strict)

4. Pour moi, le cours est vraiment _____. (difficile)

5. L'amie de Charles est _____. (intelligent)

6. Elle est _____ aussi. (sympathique)

7. La classe est très _____. (grand)

8. L'école _____ est assez _____.
(secondaire, grand)

4 **Au pluriel** Récrivez les phrases de l'Activité 3 au pluriel.

1. _____

2. _____

3. _____

4. _____

5. _____

6. _____

7. _____

8. _____

5 **Christophe** Décrivez Christophe.

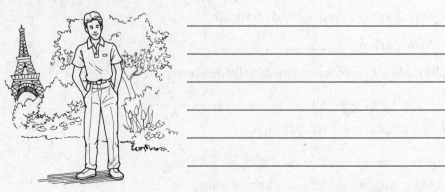

_____

_____

_____

_____

_____

_____

6 **Camille** Décrivez Camille.

_____

_____

_____

_____

7 **Sam et Olivia** Décrivez les élèves.

_____

_____

_____

_____

Les verbes **être** et **aller**

8 **Mon école** Complétez en utilisant le verbe **être** ou **aller.**

Je _____ de New York. Je _____ à l'école

a À New York. New York _____ une très grande ville.

Il y a combien d'élèves dans notre école? Nous _____ 3 700

élèves. Nous _____ à l'école en bus, en métro ou à pied.

Et toi, tu _____ d'où? Tu _____ à l'école

où? Il y a combien d'élèves dans ton école? Tu y _____ en

métro comme nous?

9 **Nous aussi** Récrivez au pluriel.

1. Je suis américain(e).

_____

2. Je vais à l'école près d'ici.

_____

3. Le professeur est très intelligent.

_____

4. Le cours est intéressant.

_____

10 **Mon ami(e)** Donnez des réponses personnelles.

1. Comment s'appelle ton ami(e)?

_____

2. Comment est-il/elle?

_____

3. Il/Elle va à quelle école?

_____

4. Vous allez à la même école?

_____

5. Vous êtes dans la même classe?

_____

Les contractions

11 **On va où?** Complétez.

1. Je vais _____ boulangerie et mon frère va _____ boucherie.

2. Ma sœur va _____ supermarché et je vais _____ marché.

3. Ils vont _____ restaurant et nous allons _____ café.

4. Les élèves parlent _____ professeurs et les professeurs parlent

   _____ élèves.

12 **C'est où?** Complétez en utilisant **près de** ou **loin de** et un article défini.

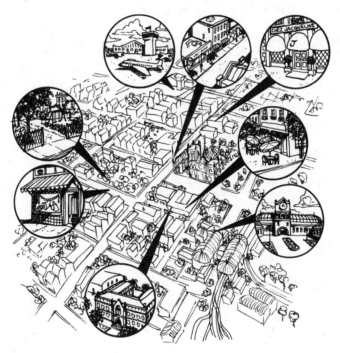

1. Le lycée est _____ café.

2. La boucherie est _____ restaurant.

3. La gare est _____ aéroport.

4. Le parc est _____ boucherie.

5. Le café est _____ magasins.

6. Les magasins sont _____ gare.

Un peu plus

13 **Un copain ou une copine** Décrivez un bon copain ou une bonne copine.

_____

_____

_____

_____

_____

_____

_____

14 **Une journée à l'école** Racontez une journée typique à l'école et décrivez vos cours.

_____

_____

_____

_____

_____

_____

La famille

Vocabulaire et Conversation

1 **Chez Johanne** Répondez selon le dessin.

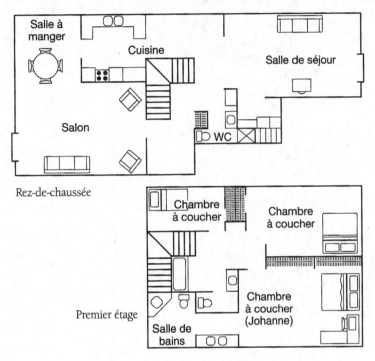

Rez-de-chaussée

Premier étage

1. Comment est la maison de Johanne?

_____

2. Il y a combien de pièces au rez-de-chaussée?

_____

3. Il y a combien de chambres à coucher dans la maison?

_____

4. Les chambres à coucher sont à quel étage?

_____

5. Comment est la chambre de Johanne?

_____

6. Où est-ce qu'elle regarde la télévision?

_____

2 **L'anniversaire de Johanne** Répondez selon le dessin.

1. Qu'est-ce qu'il y a chez Johanne?

   _____

2. À quelle heure est-ce que les copains de Johanne arrivent?

   _____

3. Qu'est-ce qu'ils regardent?

   _____

4. Ils parlent quelle langue?

   _____

5. Qu'est-ce qu'ils écoutent?

   _____

6. Ils rigolent bien ensemble?

   _____

3 **Quel est le mot?** Choisissez le mot qui correspond.

1. _____ du rock   a. un repas

2. _____ un parent   b. une boulangerie

3. _____ le dîner   c. de la musique

4. _____ une matière   d. une maison

5. _____ une pièce   e. l'école

6. _____ du pain   f. un enfant

4 **Questions** Écrivez des questions en utilisant les mots suivants.

qui   où   quel
qu'est-ce que   combien   d'où
comment

1. *La famille Grandet* a une jolie maison près de Lyon.

_____

2. Leur maison est *assez grande*.

_____

3. Leur maison a *neuf pièces*.

_____

4. Les Grandet ont *deux enfants*.

_____

5. Leur fils a *douze ans*.

_____

6. Il fait *ses devoirs* après le dîner.

_____

7. Maintenant, ils habitent *près de Lyon*.

_____

8. Mais ils sont *de Toulouse*.

_____

5 **Quelle activité où?** Choisissez.

1. _____ dîner   **a.** dans la cour de l'école

2. _____ regarder la télé   **b.** du balcon

3. _____ jouer avec le chien   **c.** au magasin

4. _____ rigoler   **d.** en classe

5. _____ monter en ascenseur   **e.** dans le jardin

6. _____ avoir une belle vue   **f.** dans la salle à manger

7. _____ acheter un cadeau   **g.** dans l'immeuble

8. _____ écouter le prof   **h.** dans la salle de séjour

Nom _____ Date _____

Structure Les verbes réguliers en -er

 Qui? Complétez en utilisant un pronom.

1. Tu parles français? Oui, _____ parle français.

2. Tes copains et toi, vous travaillez bien? Oui _____ travaillons bien.

3. Vous écoutez le professeur? Oui, _____ écoutons le professeur.

4. Le professeur est sympathique? Oui, _____ est sympathique.

5. Les élèves aiment bien le professeur? Oui, _____ aiment bien le professeur.

6. La prof de français invite sa classe au restaurant? Non, _____ n'invite pas sa classe au restaurant.

 Une fête Complétez en utilisant les verbes entre parenthèses.

Nous _____ (donner) une grande fête. Nous
                    1

_____ (inviter) tous nos amis. Céline
               2

_____ (téléphoner) à tout le monde. Elle
               3

_____ (inviter) dix filles et dix garçons.
               4

Les amis _____ (arriver) à six heures et demie. Tout le
                       5

monde _____ (parler) beaucoup. Mais les garçons
                   6

_____ (regarder) la télévision et les filles
               7

_____ (écouter) des CD. Typique!
               8

8 **Non.** Récrivez les phrases au négatif.

1. Elle habite à Chicago.

   _____

2. Nous aimons le jazz.

   _____

3. Je travaille bien en classe.

   _____

4. Jonathan parle français.

   _____

9 **Chez moi** Écrivez quatre choses que vous faites à la maison.

1. _____

2. _____

3. _____

4. _____

10 **À l'école** Écrivez quatre choses que vous faites à l'école.

1. _____

2. _____

3. _____

4. _____

11 **Après les cours** Écrivez quatre choses que vous faites après les cours.

1. _____

2. _____

3. _____

4. _____

Le partitif

12 **Qu'est-ce que tu as?** Complétez.

1. Qu'est-ce que tu as dans ton frigo? Tu as _____ jambon?

2. Tu as _____ yaourts à la vanille?

3. Tu as _____ fromage?

4. Tu as _____ glace au chocolat?

5. Tu as _____ eau minérale?

6. Tu as _____ limonade?

7. Tu as _____ saucisses de Francfort?

8. Tu as _____ salade?

13 **Au négatif** Récrivez les phrases au négatif.

1. Il y a de la viande?

_____

2. Caroline fait des sandwiches.

_____

3. Les enfants mangent des gâteaux.

_____

4. Vous avez du pain?

_____

5. Nous avons de la glace.

_____

6. Tu veux de l'eau?

_____

7. Il y a de l'huile?

_____

14 **Quel article?** Complétez.

1. Vous aimez _____ poisson?

2. Non, je n'aime pas _____ poisson.

3. Je ne mange pas _____ poisson.

4. Mais j'aime beaucoup _____ crevettes.

5. Moi, je n'aime pas beaucoup _____ crevettes.

6. Je préfère _____ crabes.

7. Mes parents, eux, préfèrent manger _____ viande.

8. Ils ne mangent pas _____ légumes.

9. Ma sœur mange _____ salade, et encore de la salade, mais pas

_____ pommes de terre.

10. Mon frère, lui, mange de tout: _____ viande, _____

poisson, _____ pommes de terre, _____ pâtisseries... et il

est comme une montagne!

Les verbes **avoir** et **faire**

15 **Ce trimestre** Donnez des réponses personnelles.

    1. Tu as combien de cours ce trimestre?

    _____

    2. Tu as quels cours?

    _____

    3. Tu as qui comme prof de français?

    _____

    4. Tu fais du sport?

    _____

16 **Et vous?** Récrivez les questions de l'Activité 15 en remplaçant **tu** par **vous.**

    1. _____

    2. _____

    3. _____

    4. _____

17 **Réponses** Répondez aux questions de l'Activité 16 pour vous et un(e) de vos ami(e)s.

    1. _____

    2. _____

    3. _____

    4. _____

18 **Et votre ami(e)?** Répondez aux questions de l'Activité 16 pour un(e) de vos ami(e)s. Donnez le nom de votre ami(e).

    1. _____

    2. _____

    3. _____

    4. _____

Un peu plus

19 **Une fête** Racontez ce que vous et vos amis faites quand vous allez à une fête.

_____

_____

_____

_____

_____

_____

_____

_____

20 **Au café** Décrivez le dessin.

_____

_____

_____

_____

_____

_____

_____

_____

Nom _____ Date _____

Les courses

Vocabulaire et Conversation

1 **Un pique-nique** Faites une liste de ce qu'il faut pour faire un bon pique-nique.

_____

_____

_____

2 **Quel est le mot?** Choisissez.

1. _____ deux tranches de jambon   **a.** une boulangerie

2. _____ une baguette   **b.** une boucherie

3. _____ une bouteille d'eau minérale   **c.** une épicerie

4. _____ un poulet   **d.** une crémerie

5. _____ 200 g de beurre   **e.** une charcuterie

3 **Qu'est-ce que c'est?** Identifiez.

1. _____ 2. _____ 3. _____

4. _____ 5. _____ 6. _____

7. _____ 8. _____

4 **Chloé** Faites une liste des vêtements que Chloé porte.

1. _____
2. _____
3. _____
4. _____

5 **Romain** Faites une liste des vêtements que Romain porte.

1. _____
2. _____
3. _____
4. _____
5. _____
6. _____

Workbook

Structure Les verbes **vouloir** et **pouvoir**

6 **Qui veut?** Complétez en utilisant le verbe **vouloir**.

1. Tu veux parler?

   Oui, je _____ parler.

2. Vous voulez parler aussi?

   Oui, nous _____ parler aussi.

3. Ils veulent parler aussi?

   Oui, ils _____ parler aussi.

4. Elles veulent parler aussi?

   Oui, elles _____ parler aussi.

5. Il veut parler aussi?

   Oui, il _____ parler aussi.

6. Alors, c'est bien simple, tout le monde _____ parler!

7 **Impossible** Complétez en utilisant le verbe **pouvoir**.

1. Tu vas aider ta mère?

   Je ne _____ pas, je vais au cinéma.

2. Il va aider son frère?

   Il ne _____ pas, il travaille ce soir.

3. Ils vont aider leur père?

   Ils ne _____ pas, ils vont à une fête.

4. On va aider Papa?

   On ne _____ pas, il y a un bon film à la télé.

5. Vous allez aller au restaurant?

   Non, pas ce soir. Nous ne _____ pas.

L'infinitif

8 **Ce que j'aime faire** Écrivez cinq choses que vous aimez faire.

1. _____
2. _____
3. _____
4. _____
5. _____

9 **Ce que je n'aime pas faire** Écrivez cinq choses que vous n'aimez pas faire.

1. _____
2. _____
3. _____
4. _____
5. _____

10 **À la maison mais pas à l'école** Écrivez cinq choses que vous pouvez faire à la maison mais pas à l'école.

1. _____
2. _____
3. _____
4. _____
5. _____

11 **Après les cours, mais pas à la maison** Écrivez cinq choses que vous pouvez faire après les cours, mais pas à la maison.

1. _____
2. _____
3. _____
4. _____
5. _____

12 **Je veux mais je ne peux pas.** Écrivez cinq choses que vous voulez faire mais que vous ne pouvez pas faire.

1. _____

2. _____

3. _____

4. _____

5. _____

Le verbe **prendre**

13 **Au café** Complétez en utilisant le verbe **prendre.**

1. Nous, on _____ des sandwichs.

2. Elle, elle _____ un hot-dog.

3. Nous, nous ne _____ pas de hot-dog.

   Nous _____ des sandwichs au Brie.

4. Et eux? Je ne sais pas ce qu'ils _____.

5. Et moi, qu'est-ce que je _____?

6. Eh ben, tu _____ comme moi!

14 **Au pluriel** Récrivez les phrases au pluriel.

1. Quand je regarde la télévision, j'apprends beaucoup de choses intéressantes.

   _____

   _____

2. Quand tu écoutes bien le professeur, tu comprends ce qu'il dit.

   _____

   _____

3. Quand il ne comprend pas, il pose une question.

   _____

   _____

Un peu plus

15   **Des vêtements à tout prix!** Vous n'avez rien à mettre. Faites une liste des vêtements que vous voulez acheter et décidez où vous allez les acheter. Calculez enfin combien tout ça va coûter.

_____

_____

_____

_____

_____

_____

_____

Révision D

En voyage

Vocabulaire et Conversation

1 **Ton aéroport** Donnez des réponses personnelles.

1. Il y a un aéroport près de chez toi? Il s'appelle comment?

   _____

2. Il faut combien de temps pour y aller?

   _____

3. C'est un aéroport international?

   _____

4. Il y a des vols intérieurs et internationaux?

   _____

5. Il y a beaucoup d'avions qui décollent et atterrissent tous les jours?

   _____

6. Tu voyages souvent en avion? Pour aller où?

   _____

7. Tu voyages seul(e)? Tu voyages avec quelqu'un? Avec qui?

   _____

2 **Quel est le mot?** Choisissez le mot qui correspond.

1. _____ voler   **a.** un voyage

2. _____ embarquer   **b.** une annonce

3. _____ partir   **c.** un service

4. _____ annoncer   **d.** un vol

5. _____ enregistrer   **e.** un atterrissage

6. _____ voyager   **f.** un départ

7. _____ passer   **g.** un enregistrement

8. _____ atterrir   **h.** un embarquement

9. _____ décoller   **i.** un passage

10. _____ servir   **j.** un décollage

3 **Qu'est-ce que c'est?** Identifiez.

1. _____   2. _____

3. _____   4. _____

5. _____   6. _____

Structure Les verbes en -ir et -re

4 **C'est bien, ça!** Complétez en utilisant le verbe **finir**.

1. Je _____ toujours mes devoirs.

2. Mon frère aussi _____ toujours ses devoirs.

3. Mais tous les élèves ne _____ pas leurs devoirs.

4. Et vous, vous _____ toujours vos devoirs?

5. Oui, nous _____ toujours nos devoirs… et à temps!

5 **Entre les deux** Complétez en utilisant le verbe **choisir**.

1. Entre les deux, je ne _____ pas.

2. Lui non plus, il ne _____ pas.

3. Et vous, vous _____?

4. Non, nous ne _____ pas.

5. Et elles, elles _____?

6 **Vos parents et vos amis** Donnez des réponses personnelles.

Est-ce que vos parents trouvent que vous choisissez bien vos amis? Comment est-ce qu'ils trouvent vos amis? Sympathiques? Pas sérieux?

_____

_____

_____

_____

_____

7 **Dans une minute** Complétez en utilisant le verbe **descendre**.

1. Tu _____ dans combien de temps?

2. Je _____ dans une minute!

3. Jean aussi _____ dans une minute!

4. Vous _____ immédiatement!

5. Et nous aussi, nous _____ immédiatement!

8 **Les voyageurs** Complétez en utilisant les verbes entre parenthèses.

1. Les voyageurs _____ du train et moi aussi, je

_____ du train. (descendre)

2. Ils ne _____ pas leur billet et moi non plus, je ne

_____ pas mon billet. (perdre)

3. Ils _____ un autre train et moi aussi,

j'_____ un autre train. (attendre)

4. Ils _____ l'annonce du retard du train et moi aussi,

j'_____ l'annonce du retard du train. (entendre)

9 **Changement** Récrivez les phrases de l'Activité 8 en remplaçant **les voyageurs** par **le voyageur, ils** par **il**, et **je** par **nous**.

1. _____

_____

2. _____

_____

3. _____

_____

4. _____

_____

Les verbes **sortir, partir, dormir, servir**

10 **Tout le monde dort...** Complétez en utilisant le verbe **dormir**.

1. Mon frère _____.

2. Mes parents _____.

3. Tu _____.

4. Toi et tes cousins, vous _____.

5. Nous _____ tous...

6. Enfin presque... parce que moi, je ne _____ pas. Mais je vais

bientôt _____!

11 **Pas sérieux!** Complétez en utilisant le verbe **sortir**.

1. Tu _____ trop!

2. Pas vrai! Je _____ une fois par semaine, le week-end.

3. Je trouve qu'elle _____ trop.

4. Elles _____ souvent avec elle.

5. Vous _____ beaucoup, je trouve.

6. On _____ comme les autres.

7. Nous, nous _____ quand nous voulons.

12 **Vos sorties** Donnez des réponses personnelles.

Est-ce que vos parents trouvent que vous sortez trop? Quand est-ce que vous sortez?
Pendant la semaine? Pendant le week-end?

_____

_____

_____

_____

13 **À bord de l'avion** Mettez les phrases suivantes au singulier.

1. Nous partons maintenant.

_____

2. Nous sortons nos billets.

_____

3. Nous dormons un peu avant l'arrivée.

_____

4. Les stewards servent le café.

_____

Un peu plus

14 **Bon voyage!** Décrivez un voyage en avion.

_____

_____

_____

_____

_____

_____

15 **En train** Décrivez un voyage en train.

_____

_____

_____

_____

_____

_____

Les sports

Vocabulaire et Conversation

1 **Les mois et les saisons** Identifiez les quatre saisons. Sous chaque saison, écrivez les mois de l'année qui correspondent.

1. _____

_____

_____

2. _____

_____

_____

3. _____

_____

_____

4. _____

_____

_____

2 **À la plage** Faites une liste des activités qu'on peut faire au bord de la mer.

_____

_____

_____

_____

_____

_____

3 **En été** Décrivez une belle journée d'été.

_____

_____

_____

_____

4 **En hiver** Décrivez une belle journée d'hiver.

_____

_____

_____

_____

5 **Un match de foot** Décrivez le dessin.

_____

_____

_____

_____

_____

_____

_____

Structure   Le passé composé des verbes réguliers avec **avoir**

6 **Un weekend** Récrivez au passé composé.

1. Je passe le week-end au bord de la mer.

_____

2. Je nage avec mes copains.

_____

3. Julie perd ses lunettes de soleil.

_____

4. Elle cherche ses lunettes.

_____

5. Je trouve ses lunettes dans le sable.

_____

6. Nous décidons de faire de la planche à voile.

_____

7 **Au passé** Écrivez une phrase au passé composé avec les expressions suivantes.

1. attendre le train

_____

_____

2. regarder le tableau de départs

_____

_____

3. choisir une place

_____

_____

4. entendre l'annonce du départ du train

_____

_____

Les participes passés irréguliers

 Une skieuse Écrivez au passé composé.

1. Elle met son anorak.

_____

2. Elle prend des leçons de ski.

_____

3. Elle comprend tout ce que la monitrice lui dit.

_____

4. Elle apprend très vite.

_____

5. Elle a de la chance.

_____

6. Elle peut prendre le télésiège.

_____

7. Elle fait du ski.

_____

9 Une bonne adresse Écrivez au passé composé.

1. J'écris l'adresse du magasin.

_____

2. Je mets l'adresse dans mon sac.

_____

3. Je prends un taxi.

_____

4. Je dis l'adresse au chauffeur de taxi.

_____

Un peu plus

10 **Bernard a fait beaucoup de choses.** Bernard est très sportif. Regardez le dessin et écrivez tout ce que Bernard et ses copains ont fait aujourd'hui.

_____

_____

_____

_____

_____

_____

_____

11 **Ma saison favorite** Décrivez votre saison favorite et les vêtements que vous portez pendant cette saison.

_____

_____

_____

_____

_____

_____

Workbook

La routine quotidienne

Vocabulaire et Conversation

1 **La routine de Karim** Décrivez la routine de Karim.

1. _____ 2. _____

3. _____ 4. _____

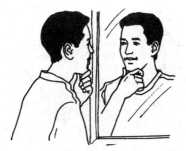

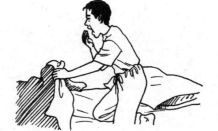

5. _____ 6. _____

2 **Qu'est-ce qu'il faut?** Choisissez le mot qui correspond.

1. _____ pour se laver les mains   **a.** du shampooing

2. _____ pour se laver les dents   **b.** un gant de toilette

3. _____ pour se laver les cheveux   **c.** du savon

4. _____ pour se regarder   **d.** une brosse à dents

5. _____ pour se peigner   **e.** une brosse

6. _____ pour se brosser les cheveux   **f.** une glace

7. _____ pour se laver la figure   **g.** un peigne

3 **Dans quel ordre?** Écrivez dans quel ordre vous faites en général les choses suivantes.

> mettre la table, faire la vaisselle, débarrasser la table,
> regarder la télévision, se coucher, faire ses devoirs

_____

_____

_____

_____

4 **Dans la cuisine** Décrivez le dessin.

_____

_____

_____

_____

Structure   Les verbes réfléchis au présent

5 **Le matin** Faites des phrases personnelles.

1. se réveiller

Le matin, je _____

2. se lever

_____

3. se laver

_____

4. se brosser les dents

_____

5. se peigner

_____

6. s'habiller

_____

6 **Les autres** Récrivez les phrases de l'Activité 5 d'après les indications.

1. Le matin, elle _____

2. Tu _____

3. Nous _____

4. Vous _____

5. Ils _____

6. Il _____

7 **Pas moi!** Récrivez les phrases de l'Activité 6 à la forme négative.

1. Le matin, _____

2. _____

3. _____

4. _____

5. _____

6. _____

Le passé composé avec **être**

8 **Leçon de piano** Récrivez au passé composé.

1. Je vais chez mon professeur de piano.

   _____

2. Je sors de chez moi à 5 heures.

   _____

3. J'arrive chez mon professeur à 5 h 30.

   _____

4. Je monte au deuxième étage.

   _____

5. J'entre dans son appartement.

   _____

6. Je reste pendant une heure.

   _____

7. Je pars à 6 h 30.

   _____

9 **La leçon de Juliette** Récrivez les phrases de l'Activité 8 en remplaçant **je** par Juliette (elle).

1. _____
2. _____
3. _____
4. _____
5. _____
6. _____
7. _____

10 **Au gymnase** Récrivez au passé composé.

1. Mes copines vont au gymnase.

_____

2. Nous arrivons toutes à la même heure.

_____

3. Nous entrons toutes ensemble.

_____

4. Mes amies partent au bout d'une heure.

_____

11 **Au négatif** Récrivez les réponses de l'Activité 10 au masculin et au négatif.

1. _____

2. _____

3. _____

4. _____

Les verbes réfléchis au passé composé

12 **Accord ou pas accord?** Faites l'accord si nécessaire.

1. Amélie s'est lavé_____ les cheveux.

2. Nous nous sommes brossé_____ les dents.

3. Elles se sont lavé_____.

4. Ils se sont brossé_____.

13 **Au négatif** Récrivez les phrases de l'Activité 12 au négatif.

1. _____

2. _____

3. _____

4. _____

Un peu plus

14 **Ce que je fais d'habitude** Racontez une de vos journées typiques.

_____

_____

_____

_____

_____

_____

15 **Ce que j'ai fait hier** Racontez ce que vous avez fait hier.

_____

_____

_____

_____

_____

_____

CHAPITRE 1

Les loisirs culturels

Vocabulaire   Mots 1

1 **Le cinéma** Give personal answers.

1. Il y a un cinéma près de chez vous? Comment s'appelle-t-il?

   _____

2. On joue des films étrangers dans ce cinéma?

   _____

3. Vous avez déjà vu un film étranger?

   _____

4. Vous avez vu ce film en version originale, doublé ou avec des sous-titres?

   _____

5. Quel(s) genre(s) de film préférez-vous?

   _____

2 **Le théâtre** Identify each illustration.

1. _____

2. _____

3. _____

4. _____

3 **Une troupe de théâtre** Give personal answers about a theater club in your school.

1. Vous aimez le théâtre?

_____

2. Il y a une troupe de théâtre dans votre école?

_____

3. Vous faites partie de cette troupe de théâtre?

_____

4. Elle s'appelle comment?

_____

5. Vous voyez combien de pièces par an?

_____

6. Quels genres de pièces préférez-vous?

_____

7. Nommez une pièce que la troupe va monter ou a déjà montée.

_____

8. C'est quel genre de pièce?

_____

9. Vous jouez dans cette pièce? Quel rôle?

_____

10. Vous avez des ami(e)s qui jouent dans cette pièce? Quels rôles?

_____

4 **Vrai ou faux?** Check the appropriate box.

	vrai	faux
1. Un film doublé a des sous-titres.		
2. Un film en version originale est toujours en français.		
3. Au cinéma, il y a plusieurs séances le week-end.		
4. On peut louer des films en vidéo.		
5. Dans une comédie musicale, il n'y a pas de chanteurs.		
6. Un entracte est entre deux actes.		

Vocabulaire Mots 2

5 **Qu'est-ce que c'est?** Identify the following items.

1. _____ 2. _____ 3. _____

4. _____ 5. _____

6 **Un musée** Give personal answers.

1. Il y a un musée près de chez vous?

_____

2. C'est quel musée?

_____

3. Il est où?

_____

4. C'est un grand musée ou un petit musée?

_____

5. Vous y allez de temps en temps?

_____

6. Il y a des tableaux et des statues dans ce musée?

_____

7. Il y a souvent des expositions intéressantes?

_____

7 **Dites-nous...** Give the following information.

    1. le nom d'un grand musée à Paris

    _____

    2. le nom d'un musée aux États-Unis

    _____

    3. le nom d'un sculpteur (homme ou femme)

    _____

    4. le nom de votre peintre favori(te)

    _____

    5. le nom de votre peinture favorite

    _____

    6. le nom d'un tableau moderne

    _____

    7. le nom d'une statue

    _____

    8. le nom d'un tableau ancien

    _____

    9. le nom d'un(e) peintre français(e)

    _____

    10. le nom d'un sculpteur français

    _____

Structure Les verbes **savoir** et **connaître**

8 **Savoir et connaître** Rewrite the model sentence with each indicated pronoun and make all necessary changes.

Je connais Marie et je sais qu'elle est française.

1. Il _____.

2. Elle _____.

3. Nous _____.

4. Je _____.

5. Tu _____.

6. Vous _____.

7. Ils _____.

9 **L'Alsace, vous connaissez?** Complete with the correct form of **connaître** or **savoir**. Karen et Melissa vont en France. Elles vont visiter l'Alsace. Elles

_____ assez bien Paris, mais elles ne _____
        1   2

pas bien le reste de la France. Elles _____ que Strasbourg est la
                                                 3

capitale de l'Alsace. Elles ont vu des photos de Strasbourg et elles

_____ que c'est une ville pittoresque. Karen et Melissa veulent
        4

_____ l'Alsace. Elles veulent _____ si les
        5   6

restaurants alsaciens sont aussi bons que les restaurants parisiens. Elles

_____ qu'on sert beaucoup de choucroute en Alsace. Elles
        7

veulent _____ s'il y a une influence allemande en Alsace.
              8

10 **Savez-vous que...?** Write what you know about the following cities. Begin each sentence with **Je sais que...**

1. Paris _____

_____

2. Nice _____

_____

3. Strasbourg _____

_____

Les pronoms **me, te, nous, vous**

11 **Souvent?** Follow the model.

—Paul te parle tout le temps!

—Non, il me parle quelquefois.

—Il te parle très souvent.

1. —Paul t'invite tout le temps!

_____

_____

2. —Paul t'écrit tout le temps!

_____

_____

3. —Paul te téléphone tout le temps.

_____

_____

4. —Paul t'écoute tout le temps.

_____

_____

5. —Paul te fait tout le temps des cadeaux.

_____

_____

12 **Un bon père** Rewrite changing *Michelle* to *Michelle et Marie*.

—Michelle, ton père te téléphone souvent?

—Oui, il me téléphone tous les soirs.

—Il t'aime beaucoup?

—Oui, il m'adore.

—Michelle et Marie, _____

— _____

— _____

— _____

Les pronoms **le, la, les**

13 **Un peu de culture** Answer in the affirmative using a pronoun. Follow the model.

—Tu ne connais pas ce musée?
—Si, je le connais.

1. —Tu ne connais pas cet acteur?

   _____

2. —Tu ne connais pas cette actrice?

   _____

3. —Tu ne connais pas cette pièce?

   _____

4. —Tu ne connais pas ces chanteurs?

   _____

5. —Tu ne connais pas ces chanteuses?

   _____

6. —Tu ne connais pas ces tragédies?

   _____

14 **Tout est possible.** Answer in the affirmative or in the negative using a pronoun.

1. —Tu veux voir l'exposition de Monet?

   _____

2. —Tu veux regarder les informations?

   _____

3. —Tu veux inviter Bertrand?

   _____

4. —Tu veux écouter la conférence de Giraud?

   _____

5. —Tu veux voir le film de Laurel et Hardy?

   _____

Workbook
Bon voyage! Level 2, Chapitre 1 ❖ 7

Un peu plus

 Une affiche Look at this poster and answer the questions about it.

ÉGLISE SAINT-AUGUSTIN
PLACE ET MÉTRO SAINT-AUGUSTIN
Dimanche 8 décembre
à 16 h

ÉGLISE DE LA MADELEINE
PLACE ET MÉTRO MADELEINE
Mardi 10 décembre
à 20 h 30

VERDI REQUIEM

Verena KELLER
soprano
Peyo GARAZZI
ténor

Lyne DOURIAN,
mezzo-soprano
Patrick PELEX
basse

CHŒURS: Arthur HONEGGER
de Fresnes et du Conservatoire du Centre de Paris
Direction: Anne-Marie LIÉNARD

ORCHESTRE LE SINFONIETTA de PARIS
Direction: Dominique FANAL

Locations: FNAC et par téléphone au 01 42 33 43 00
A l'église Saint-Augustin une heure
avant le début du concert
A l'église de la Madeleine les lundi 9 et mardi
10 de 11 h à 18 h et une heure avant le concert

1. C'est une affiche pour un concert ou pour un ballet?

_____

2. Qui est le compositeur de ce requiem?

_____

3. Où est l'église Saint-Augustin?

_____

4. Quelle est la date de ce concert?

_____

5. C'est quels jours?

_____

6. À quelle heure commence le concert?

_____

_____

_____

7. À quel numéro peut-on téléphoner pour louer des places?

_____

 Dérivations Some words are related. For example, the verb **chanter** and the noun **chanteur** are related. If you know one, you can guess the meaning of the other. Write the noun that corresponds to each of the following verbs.

1. danser _____

2. sculpter _____

3. jouer _____

4. voyager _____

5. vendre _____

6. servir _____

7. contrôler _____

8. laver _____

Un musée intéressant Look at this ad for an unusual museum and answer the questions.

MUSÉE DE LA POUPÉE
"Au Petit Monde Ancien"

- *Exposition permanente d´une collection de poupées et bébés français de 1860 à 1960*
- *Expositions temporaires à thème sur les poupées et jouets de collection*
- *Boutique cadeaux*
- *Clinique de la poupée*
- *Conférences sur l'histoire de la poupée*
- *Stages de création et de restauration de poupées*

IMPASSE BERTHAUD
PARIS 75003
(m° Rambuteau)
tel. 01 42 72 55 90

Ouvert du mercredi au dimanche
de 10 h à 18 h
le jeudi de 14 à 22 h

1. Où se trouve ce musée?

_____

_____

2. Quelle est la station de métro la plus proche?

_____

3. Quand le musée est-il fermé?

_____

_____

4. Que veut dire le mot «poupée» en anglais?

_____

5. Quel âge ont les poupées les plus vieilles?

_____

6. Qu'est-ce qu'on peut faire d'autre dans ce musée?

_____

_____

_____

Mon autobiographie

Everyone gets involved in different cultural activities. Write about a cultural activity that interests you and mention others that you don't have any interest in.

Do you watch a lot of television? What programs do you watch? Do you think you watch too much television or not? What do your parents think about it?

Tell something about the drama club at your school. What kind of plays does it put on? Is there a school star? Describe him or her.

Write about the types of movies you like. Do you go to the movies often or do you rent videos?

Who are your favorite movie stars?

Mon autobiographie

CHAPITRE 2

La santé et la médecine

Vocabulaire   Mots 1

1 **La santé** Complete with an appropriate word.

1. Mathilde ne va pas bien. Elle est _____.

2. Elle n'est pas en bonne santé. Elle est en _____ santé.

3. Elle ne se sent pas bien. Elle se sent _____.

4. Elle a très mal à la gorge. Elle a une _____.

5. Elle prend de la _____, un antibiotique.

2 **Ça ne va pas?** Match each expression in the left column with its equivalent in the right column.

1. _____ Il va très bien.   **a.** Elle est enrhumée.

2. _____ Elle a un rhume.   **b.** Elle a de la fièvre.

3. _____ Elle a très mal à la gorge.   **c.** Il se sent bien.

4. _____ Elle a de la température.   **d.** Qu'est-ce qui ne va pas?

5. _____ Qu'est-ce qu'il a?   **e.** Elle a une angine.

3 **Le pauvre Cyril** Cyril has the flu. Describe his symptoms.

1. _____

2. _____

3. _____

4. _____

5. _____

6. _____

Nom _____ Date _____

4 **Des médicaments** Complete each sentence.

1. Je prends de l' _____ quand j'ai mal à la tête.

2. Je prends un _____ quand j'ai une infection bactérienne.

3. Les gens qui ont des allergies sont _____.

4. La _____ est un antibiotique.

5 **Quelle partie du corps?** Identify each part of the body.

1. _____ 2. _____ 3. _____

4. _____ 5. _____ 6. _____

Vocabulaire   Mots 2

6 **Chez le médecin** Answer each question.

1. Qui va chez le médecin, le malade ou le pharmacien? _____

2. Qui examine le malade? _____

3. Qui ausculte le malade? _____

4. Qui souffre? _____

5. Qui fait une ordonnance? _____

6. Qui prescrit des médicaments? _____

7. Qui vend des médicaments? _____

8. Qui prend des médicaments? _____

Structure Les pronoms **lui, leur**

7 **Des malades** Rewrite each sentence, replacing the italicized words with a pronoun.

1. Le médecin parle *à Caroline*.

   _____

2. Le médecin parle *à Grégoire*.

   _____

3. Le malade pose une question *au pharmacien*.

   _____

4. Le malade pose une question *à la pharmacienne*.

   _____

5. Le pharmacien donne des médicaments *au malade*.

   _____

6. Le pharmacien donne des médicaments *à la malade*.

   _____

8 **Au téléphone** Rewrite each sentence, replacing the italicized words with a pronoun.

1. Je téléphone à *mes copains*.

   _____

2. Je parle *à Stéphanie*.

   _____

3. Je parle *à Christian* aussi.

   _____

4. Je demande *à mes amis* comment ça va.

   _____

5. Je dis *à mes cousines* de me téléphoner.

   _____

6. Je dis au revoir *à mes cousines*.

   _____

9 **Toujours au téléphone** Rewrite each sentence, replacing the italicized words with **les** or **leur.**

1. Je téléphone *à mes amis.*

   _____

2. Je parle *à mes amis* en français.

   _____

3. J'aime bien *mes amis.*

   _____

4. J'invite *mes amis* à une fête.

   _____

5. Je demande *à mes amis* d'être à l'heure.

   _____

6. Je donne mon adresse *à mes amis.*

   _____

10 **Je veux être seul.** Answer in the negative, replacing the italicized word(s) with a pronoun.

1. Tu invites *Laurence*?

   _____

2. Tu vas téléphoner *à ton copain*?

   _____

3. Tu vas voir *tes cousins*?

   _____

4. Tu donnes ton numéro de téléphone *à tes amis*?

   _____

5. Tu vas expliquer ton problème *à tes parents*?

   _____

Workbook

Les verbes **souffrir** et **ouvrir**

11 **Malade comme un chien!** Complete with the correct form of the indicated verb.

1. Oh là, là! Je _____ à mourir, beaucoup. (souffrir)

2. Le médecin m'examine la gorge. J'_____ la bouche. (ouvrir)

3. Docteur, est-ce que tous les malades _____ comme moi? (souffrir)

4. Non, vous, vous _____ plus que les autres. (souffrir)

5. Je peux vous _____ un verre d'eau? (offrir)

6. Non merci, Docteur. Je préfère _____! (souffrir)

12 **Finis les souffrances!** Rewrite each sentence in the **passé composé.**

1. Il souffre, le pauvre!

   _____

   _____

2. Je souffre d'allergies.

   _____

   _____

3. Toi aussi, tu souffres d'allergies?

   _____

   _____

4. L'allergologiste m'offre ses services.

   _____

   _____

5. J'ouvre la porte et je sors quand il me dit le prix de la consultation!

   _____

   _____

L'impératif

13 **Visite médicale** Complete with the **tu** form of the imperative of the indicated verb.

1. Julien, _____ la bouche, s'il te plaît. (ouvrir)

2. _____ «ah», s'il te plaît. (dire)

3. _____ comme ça. (faire)

4. _____ ces comprimés. (prendre)

5. _____ un instant. (attendre)

6. Ne _____ rien cet après-midi. (manger)

14 **Autre visite médicale** Rewrite each sentence in Activity 13, using the **vous** form of the imperative. Make all the necessary changes.

1. Monsieur Gaspin, _____

2. _____

3. _____

4. _____

5. _____

6. _____

15 **Des suggestions** Suggest what you and your friends may do, based on the illustrations.

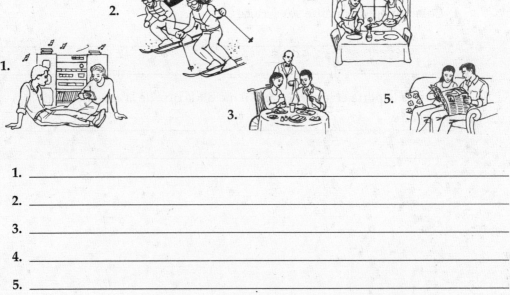

1. _____

2. _____

3. _____

4. _____

5. _____

Le pronom **en**

16 **Je suis malade!** Answer as indicated, using the pronoun **en.**

1. —Tu as de l'aspirine?

—Oui, _____

2. —Tu as du sirop?

—Non, _____

3. —Tu as des médicaments?

—Non, _____

4. —Tu as de la pénicilline?

—Non, _____

5. —Tu as des kleenex?

—Oui, _____

6. —Tu ne parles jamais de ta santé?

—Non, _____

17 **Ta famille** Give personal answers. Use the pronoun **en.**

1. Tu as combien de frères?

_____

2. Tu as combien de sœurs?

_____

3. Tu as combien de cousins?

_____

4. Tu as combien de cousines?

_____

5. Tu as combien d'oncles?

_____

6. Tu as combien de tantes?

_____

Nom _____ Date _____

Un peu plus

 A **Le rhume** Read the following article that appeared in a popular French health magazine.

Éviter • Détecter • Soigner

• Comment éviter un rhume

La meilleure prévention repose sur une bonne forme physique et une hygiène de vie. Prenez les précautions que vous dicte le bon sens. Évitez les brusques variations de température. Mettez une «petite laine» ou un pull pour sortir. Prenez une alimentation riche en vitamine C (fruits et légumes pas trop cuits).

Le rhume est très contagieux. Évitez les lieux de grande concentration humaine et ne vous approchez donc pas trop d'une personne enrhumée.

• Comment détecter un rhume

Si vous avez le nez qui coule
Si vous éternuez
Si vous vous sentez fatigué(e)
Si vous avez une petite fièvre,.....sans doute ......,c'est un rhume.

• Comment soigner un rhume

Il n'existe aucun traitement spécifique. Un rhume, traité ou non, dure une semaine. Vous pouvez cependant remédier aux désagréments qu'il provoque avec des médicaments dits *de conforts*.

Buvez beaucoup d'eau et de jus de fruits. Si la petite fièvre vous gêne, prenez un anti-thermique comme l'aspirine.

Les antibiotiques sont sans intérêt.

B **Comment dit-on?** In the article above, find the French equivalent for each of the following expressions.

1. how to avoid a cold _____

2. take precautions _____

3. good sense _____

4. sudden variations in temperature _____

5. a slight fever _____

6. how to treat a cold _____

C **Répondez.** Give answers based on the selection.

1. Quelle est la meilleure prévention pour un rhume?

   _____

2. Pourquoi doit-on éviter les personnes enrhumées?

   _____

3. Quand on a un rhume, est-ce qu'il faut prendre des antibiotiques? De l'aspirine?

   _____

4. Combien de temps dure un rhume?

   _____

D **Plaques de médecins** Which doctor are you going to call?

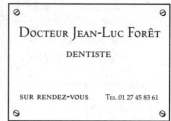

DOCTEUR ANDRÉ SIMONET

OTO-RHINO-LARYNGOLOGISTE

SUR RENDEZ-VOUS   TEL. 01 84 56 37 19

DOCTEUR VÉRONIQUE DUMAS

ALLERGOLOGISTE

SUR RENDEZ-VOUS   TEL. 01 75 69 42 30

DOCTEUR JEAN-LUC FORÊT

DENTISTE

SUR RENDEZ-VOUS   TEL. 01 27 45 83 61

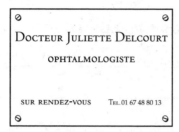

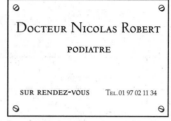

DOCTEUR JULIETTE DELCOURT

OPHTALMOLOGISTE

SUR RENDEZ-VOUS   TEL. 01 67 48 80 13

DOCTEUR NICOLAS ROBERT

PODIATRE

SUR RENDEZ-VOUS   TEL. 01 97 02 11 34

1. Vous avez mal aux yeux. Vous allez chez qui?

_____

2. Vous avez mal à la gorge. Vous téléphonez à qui?

_____

3. Vous avez mal aux dents. Vous allez chez qui?

_____

4. Vous avez une allergie. Vous téléphonez à qui?

_____

5. Vous avez mal aux pieds. Vous allez chez qui?

_____

Mon autobiographie

What is the name of your family doctor? Where is his or her office? How often do you see him or her? Write about some minor ailments you get once in a while. Are you a good patient or not? You may want to ask a family member.

Mon autobiographie

Les télécommunications

Vocabulaire Mots 1

1 **La technologie** Identifiez.

1. _____ 2. _____ 3. _____

4. _____ 5. _____ 6. _____

 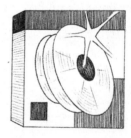

7. _____ 8. _____

2 **Autrement dit** Exprimez d'une autre façon.

1. un télécopieur _____

2. une télécopie _____

3. un texte _____

4. elle ne perd pas _____

5. elle transmet _____

3 **Quelle est l'expression?** Récrivez l'expression complète.

1. appuyer	a. des données
2. aller	b. à un message
3. envoyer	c. un ordinateur
4. retirer	d. un e-mail
5. taper	e. une disquette
6. répondre	f. sur Internet
7. cliquer	g. sur une touche
8. allumer	h. sur un message

1. _____

2. _____

3. _____

4. _____

5. _____

6. _____

7. _____

8. _____

4 **Que fait-on?** Complétez.

1. Quand on commence à travailler, on _____ l'ordinateur.

2. Quand on a fini de travailler, on _____ l'ordinateur.

3. Pour envoyer un fax, il faut mettre le document _____ écrite non visible.

4. Ensuite, il faut _____ sur la touche.

5. Enfin, on _____ le document!

Vocabulaire **Mots 2**

5 **Qu'est-ce que c'est?** Identifiez.

1. _____   2. _____

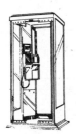

3. _____   4. _____

5. _____   6. _____

6 **Autrement dit** Exprimez d'une autre façon.

1. composer le numéro _____

2. donner un coup de fil _____

3. introduire (une télécarte dans la fente) _____

4. je regrette _____

5. une erreur _____

7 **Le contraire** Donnez le contraire.

1. le bon numéro _____

2. Ce n'est pas occupé. _____

3. décrocher _____

4. retirer _____

5. Raccrochez, s'il vous plaît. _____

8 **Un appel d'un téléphone public** Complétez.

1. Pour téléphoner, il y a une _____ _____
   au coin de la rue.

2. Il faut introduire une _____ dans la _____
   de l'appareil.

3. Il faut attendre la _____ et ensuite _____
   le numéro.

4. Raccrochez si ça sonne _____.

5. Vérifiez le numéro dans _____ si vous l'avez oublié.

9 **Des communications** Complétez les mini-conversations.

1. —Allô?

   —_____, oui?

   —Je voudrais _____ à Mme Brichant, s'il vous plaît madame.

   —_____?

   —De Jonathan Collard.

   —Un moment. _____. Je vais voir si elle est là…

   Je suis _____ mais elle n'est pas là.

   —Je peux lui laisser _____?

   —Mais bien sûr, monsieur.

2. —Allô, Monsieur Lauzier?

   —Monsieur Lauzier? Il _____ de Monsieur Lauzier ici.

   —C'est bien _____ 478.39.65?

   —Non, non. Je regrette, mais _____
   _____.

Structure L'imparfait

 Moi, je le faisais toujours. Récrivez les phrases avec **je.**

1. Nous le faisions toujours.

   _____

2. Nous allions toujours au concert.

   _____

3. Nous choisissions toujours des places côté couloir.

   _____

4. Nous l'attendions toujours.

   _____

5. Nous l'appelions toujours.

   _____

6. Nous voulions le faire.

   _____

 Et vous? Récrivez les phrases avec **vous.**

1. Tu voulais le faire?

   _____

2. Tu pouvais y aller?

   _____

3. Tu lui parlais?

   _____

4. Tu les invitais?

   _____

5. Tu lui écrivais souvent?

   _____

Les emplois de l'imparfait

12 **Ce que je voulais faire** Écrivez cinq choses que vous vouliez faire l'année dernière, mais que vous n'avez pas pu faire...

1. _____
2. _____
3. _____
4. _____
5. _____

13 **De bonnes vacances** Donnez des réponses personnelles.

1. Quand tu étais plus jeune, tu passais toujours de bonnes vacances?

_____

2. Tu allais où?

_____

3. Il y avait toujours beaucoup de monde là où tu allais?

_____

4. Tu allais souvent au restaurant?

_____

5. Tu mangeais de bonnes choses?

_____

6. Tu bronzais?

_____

7. Tes amis partaient en vacances aussi?

_____

8. Tu sortais le soir avec tes copains ou ta famille?

_____

9. Qu'est-ce que vous faisiez?

_____

14 **Une histoire** Répondez aux questions et inventez une histoire d'après le dessin.

1. Comment s'appelait-il?

   _____

2. Quel âge avait-il?

   _____

3. Où était-il?

   _____

4. Que faisait-il?

   _____

5. Comment était-il? (physiquement)

   _____

6. Comment était-il? (émotionnellement)

   _____

7. Qu'est-ce qu'il voulait faire?

   _____

8. Quelle heure était-il?

   _____

9. Quel temps faisait-il?

   _____

15 **Mes parents** Écrivez cinq choses que vos parents faisaient quand ils étaient plus jeunes.

1. _____

2. _____

3. _____

4. _____

5. _____

16 **Ce que votre ami(e) faisait toujours** Demandez à votre ami(e) cinq choses qu'il/elle faisait quand il/elle était petit(e).

Quand tu étais petit(e), est-ce que tu… ?

1. _____

2. _____

3. _____

4. _____

5. _____

Les verbes **appuyer, envoyer** et **payer**

17 **Attention à l'orthographe!** Complétez au présent.

1. Tu _____ sur cette touche. (appuyer)

2. Tu _____ ton fax tout de suite? (envoyer)

3. Tu ne _____ pas la communication. (payer)

4. Vous n'_____ pas sur cette touche. (appuyer)

5. Vous _____ un fax? (envoyer)

6. Vous _____ la note de téléphone de votre fils! (payer)

7. Elle _____ toujours ses factures à temps. (payer)

8. Ils _____ de l'argent à leurs parents tous les mois. (envoyer)

Un peu plus

 A **Une carte téléphonique** Lisez cette publicité et répondez aux questions.

Avec la carte téléphonique Kertel*
téléphonez d'où vous voulez

- **D'une cabine téléphonique**
  à pièces ou à cartes (ne pas insérer la carte dans le lecteur),
- **En vacances,**
- **De chez des amis,**
- **D'un téléphone mobile**,**
- **Depuis les DOM**
- **Depuis 24 pays à l'étranger**
  Allemagne, Belgique, Canada,
  Espagne, Etats-Unis, Irlande, Italie,
  Pays-Bas, Royaume-Uni, Suisse...

...Vous pouvez téléphoner avec les cartes téléphoniques Kertel depuis tous les téléphones à touches sonores.

* La Poste, mandataire de Kertel, opérateur télécom.
** Attention : l'accès à la plate forme Kertel est facturé par votre opérateur de téléphonie mobile. Reportez-vous au guide d'utilisation joint à la carte.

Et téléphonez
en toute simplicité !

1 **Composez** gratuitement le **3003** suivi de ✱ (Depuis les DOM, composez le 08 3003 à la place du 3003) **2 Tapez** le **numéro** de votre **carte** suivi de # **3** Puis **composez** le **numéro** de votre **correspondant ou celui du service désiré**

En plus, elle vous rend d'autres services !

Après avoir composé le 3003 suivi de ✱ (le 08 3003 des DOM), votre n° de carte puis # vous pouvez bénéficier de nombreux services téléphoniques en tapant le n° de votre choix...
20 Recharge appel gratuit
21 N° abrégés appel gratuit
22 Choix de la langue du serveur vocal appel gratuit
23 Info Tarif appel gratuit
26 Choix du Super Prix appel gratuit
30 Assistance Clientèle : Service Etoile

40 Relation Clientèle La Poste
51 Annuaire Eclair la connexion puis tarif d'une communication nationale avec Kertel. Vous êtes connecté directement à l'interlocuteur demandé.
51 Météo
52 Info News
53 Taxi
54 Horoscope
55 Sommaire des nouveaux Services appel gratuit
56 Radio Guidage
57 Info Touristique
58 Info Sportive

Tarif depuis la France métropolitaine

1. C'est une publicité pour vendre quoi?

_____

2. De quels genres de téléphone peut-on appeler?

_____

_____

3. On peut appeler depuis ailleurs *(elsewhere)* que la France?

_____

B **Quel numéro?** Vous devez taper quel numéro pour obtenir les services suivants?

1. Vous avez un problème. Vous tapez le _____.

2. Vous voulez savoir le prix d'une communication. Vous tapez le _____.

3. Vous voulez avoir le meilleur prix possible. Vous tapez le _____.

4. Vous voulez appeler un taxi. Vous tapez le _____.

5. Vous voulez savoir qui a gagné le match de foot du jour. Vous tapez le _____.

6. Vous voulez savoir quel temps il va faire demain. Vous tapez le _____.

Surfons sur Internet Lisez cette critique d'un site Internet.

<TITRE> **www.maporama.com** </TITRE>

<DÉBUT> **Partez au cœur d'une ville à l'autre bout du monde! Avec maporama.com, c'est comme si vous y étiez.**

Maporama fait partie des sites incontournables que l'on est amené à visiter un jour ou l'autre. Il est disponible en huit langues dont le suédois ou le catalan. C'est dire... Ce site dispose d'un guide d'utilisation et de navigation extrêmement pratique. C'est un "vrai plus" pour les internautes débutants. Le premier moteur de recherche de maporama.com vous demande deux petits renseignements: un nom de pays et une de ses villes. On lance ensuite la recherche. Le site délivre une carte qui situe la ville à l'intérieur du pays. Pour l'instant, rien de vraiment révolutionnaire... Mais les yeux s'écarquillent lorsque l'internaute se rend compte qu'il peut rentrer à l'intérieur de la cité par un clic... maporama.com délivre

ainsi les plans de 365 000 villes. Toutefois à l'usage ce chiffre paraît beaucoup moins impressionnant. Nous avons tenté de nous rendre dans des villes un peu "exotiques" et pas forcément très connues. Maporama nous a alors fourni un descriptif plutôt sommaire. Pour preuve, lorsque l'on tape Yaoundé on obtient un brouillon parfaitement inutilisable. C'est dommage, il s'agit tout de même de la capitale du Cameroun. Et l'exemple n'a rien d'anecdotique, surtout si vous cherchez des villes d'Afrique. Malgré ce bémol le site garde son intérêt puisqu'il contient des cartes, ainsi que de nombreux itinéraires. Ces cartes sont très pratiques lorsque vous avez, par exemple, rendez-vous avec un ami dans une ville inconnue et que vous ne savez pas où l'inviter à déjeuner. Avec maporama, d'un clic, vous imprimez le plan de la ville, ses restos, ses musées et tout ce qu'il faut absolument voir. Mieux, vous pouvez aussi l'envoyer à votre ami par

e-mail, sur un PDA (ordinateur de poche) ou tout simplement l'archiver dans votre ordinateur. Des fonctions spéciales sont prévues à cet effet. Autre fonctionnalité amusante: sur le second moteur de recherche de maporama.com, en donnant vos villes de départ et d'arrivée, vous pouvez connaître la distance qui les sépare, la durée du trajet et le temps qu'il fait sur place. Bref, un site à l'usage de ceux qui ont horreur des voyages bourrés d'imprévus! </FIN>

rapidité	bien
personnalisation	bien
ergonomie	assez bien
intérêt	bien
on a aimé	la possibilité de "zoomer" sur le lieu de son choix
à revoir	les cartes s'affichent lentement
concurrents	www.webraska.fr

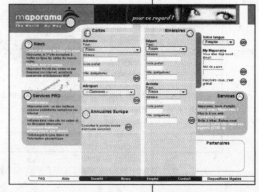

Nom _____ Date _____

D **Un site intéressant** Répondez aux questions d'après la critique de la page 30.

1. À qui s'adresse ce site?

_____

_____

2. Qu'est-ce que Maporama.com apporte?

_____

_____

3. Quelle est la critique faite à Maporama.com?

_____

_____

4. Quelle est la capitale du Cameroun?

_____

5. Quels renseignements peut-on avoir sur Maporama.com?

_____

_____

_____

_____

Mon autobiographie

The telephone! Do you use it a lot? What kind of phone do you have and whom do you call most of the time? What do you talk about?

Did you use the phone when you were very young? When did you start using a phone? Whom did you call? Did your parents help you make the calls?

Mon autobiographie

CHAPITRE 4

Nom _____ Date _____

Des voyages intéressants

Vocabulaire Mots 1

1 Quel est le mot? Pour chaque définition, donnez le mot.

1. le tableau qui indique les trains qui partent _____

2. le tableau qui indique les trains qui arrivent _____

3. les lignes qui desservent les petites villes qui sont près de la grande ville

   _____

4. les lignes qui desservent les grandes villes de France et d'autres pays d'Europe

   _____

5. le contraire de debout _____

6. les gens qui voyagent _____

7. un compartiment où il n'y a pas de places disponibles

   _____

8. ce qu'on voit à l'extérieur quand on est dans un train _____

2 À la gare Décrivez le dessin.

_____

_____

_____

3 **Le verbe et le nom** Choisissez le nom qui correspond au verbe.

1. _____ partir   **a.** un contrôle

2. _____ arriver   **b.** une entrée

3. _____ contrôler   **c.** une visite

4. _____ réserver   **d.** un départ

5. _____ descendre   **e.** une réservation

6. _____ entrer   **f.** une arrivée

7. _____ visiter   **g.** une descente

4 **Dans le train** Décrivez le dessin.

_____

_____

_____

_____

_____

_____

Vocabulaire **Mots 2**

5 **Qu'est-ce que c'est?** Identifiez.

1. _____

2. _____

3. _____

4. _____

5. _____

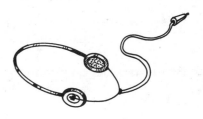

6. _____

7. _____

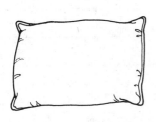

8. _____

9. _____

6 **Famille de mots** Choisissez.

1. _____ commander   **a.** le décollage
2. _____ servir   **b.** un vol
3. _____ décoller   **c.** une distribution
4. _____ atterrir   **d.** une boisson
5. _____ voler   **e.** un commandant
6. _____ sauver   **f.** l'atterrissage
7. _____ boire   **g.** une couverture
8. _____ couvrir   **h.** un sauvetage
9. _____ distribuer   **i.** un écouteur
10. _____ écouter   **j.** le service

7 **Un vol** Vrai ou faux?

1. _____ Les passagers récupèrent leurs bagages avant d'embarquer.

2. _____ Les passagers récupèrent leurs bagages après avoir débarqué.

3. _____ On transporte des bagages sur un chariot à bagages.

4. _____ Un vol annulé part en retard.

5. _____ Un vol sans escale atterrit plusieurs fois pour embarquer et débarquer des passagers.

8 **Définitions** Quel est le mot?

1. monter dans un avion _____

2. aller chercher ses bagages _____

3. là où les avions décollent et atterrissent _____

4. un vol qui ne s'arrête pas _____

5. un délai _____

6. supprimer, déclarer nul _____

Structure   L'imparfait et le passé composé

9   **Toujours le même train** Complétez par le passé composé ou l'imparfait.

1. arriver

   Il _____ à la gare tous les matins à sept heures et demie.

   Mais ce matin il _____ à la gare à huit heures.

2. prendre

   Il _____ toujours le même train.

   Mais ce matin il _____ un autre train.

3. rater

   Il ne _____ jamais son train.

   Mais ce matin il l'_____ parce qu'il est arrivé en retard à la gare.

4. se réveiller

   Il _____ tous les matins à six heures.

   Mais ce matin il a fait la grasse matinée. Il _____ à sept heures.

5. arriver

   Il _____ toujours à son bureau à huit heures et demie.

   Mais aujourd'hui il y _____ à neuf heures dix.

10   **Une fois ou souvent?** Écrivez des phrases originales au passé d'après les indications.

   Modèle: je / souvent   **Quand j'étais petite, j'allais souvent au parc.**
   je / une fois   **Une fois, je suis allée au zoo.**

1. mon copain / tous les étés _____

   _____

   mon copain / l'été dernier _____

   _____

2. nous / tous les jours _____

   _____

   nous / hier _____

   _____

3. tu / le vendredi soir _____

   _____

   tu / vendredi dernier _____

   _____

Raconter une histoire au passé

11 **Au téléphone** Complétez en utilisant les verbes entre parenthèses.

1. Je _____ dans la cuisine quand le téléphone _____.
   (travailler, sonner)

2. Je _____ le dîner quand tu m'as _____.
   (préparer, téléphoner)

3. Je te _____ au téléphone quand mes parents _____.
   (parler, rentrer)

4. Ils m'_____ à qui je _____. (demander, parler)

5. Je leur _____ que je _____ avec toi. (répondre, parler)

12 **Dans la gare** Complétez au passé.

1. Les voyageurs _____ le train sur le quai. (attendre)

2. Le train _____ et les voyageurs _____ en voiture.
   (arriver, monter)

3. Beaucoup de voyageurs _____ une place quand le train
   _____. (chercher, partir)

4. Le train _____ complet. Il n'y _____ plus de places
   disponibles. (être, avoir)

5. Le contrôleur _____ dans le wagon et _____ les billets.
   (entrer, demander)

6. On _____ de lui donner nos billets pour protester! (refuser)

13 **Le voyage de Nicolas** Complétez les phrases suivantes.

1. Nicolas a acheté son billet d'avion à l'avance parce que _____
   _____.

2. Il avait besoin de beaucoup de vêtements, alors _____
   _____.

3. Il a pris un taxi pour aller à l'aéroport parce que _____
   _____.

4. Quand il est arrivé à l'aéroport, _____
   _____.

14 **Dans le train** Décrivez en utilisant le passé composé.

_____

_____

_____

_____

_____

_____

15 **Au restaurant** Décrivez en utilisant le passé composé.

_____

_____

_____

_____

_____

_____

Le verbe venir

16 **À l'aéroport** Complétez en utilisant le verbe **venir** au présent.

1. Pardon, madame, vous _____ d'où?

2. Nous _____ de Genève. C'est le vol Swissair 150.

3. Tous les passagers _____ de Genève?

4. Oui, l'avion _____ directement de Genève, sans escale.

Les prépositions avec les noms géographiques

17 **Quelle préposition?** Remplissez le tableau.

	J'aime...	*Je vais...*
France	*la France.*	*en France.*
Angleterre		
Espagne		
Canada		
Chine		
Chili		
Grèce		
Mexique		

18 **D'autres prépositions** Remplissez le tableau.

	Il était...	*Il revient...*
Sénégal	*au Sénégal.*	*du Sénégal.*
Japon		
États-Unis		
Côte d'Ivoire		
Israël		
Italie		
Maroc		
Égypte		

Projets de voyage Décrivez le voyage de chacun des passagers suivants.

Modèle: KARPER MARK / M.
Il part d'Espagne le 23 septembre
et va aux États-Unis. Il revient
en Espagne le 5 octobre.

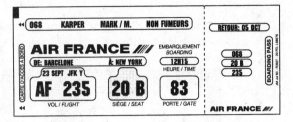

1. MARSAUD CAROLINE / MLLE

_____

_____

_____

_____

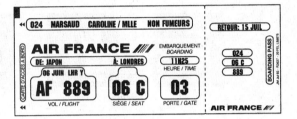

2. SILVA CARLOS / M.

_____

_____

_____

_____

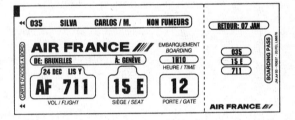

3. LEGRAND MICHELLE / MME

_____

_____

_____

_____

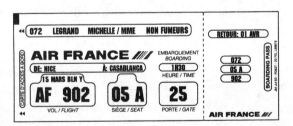

4. BRUNO PIERRE / M.

_____

_____

_____

_____

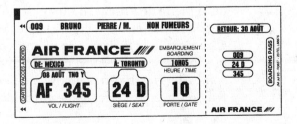

Un peu plus

 Les symboles Regardez ces images qu'on trouve dans les grandes gares et choisissez les symboles qui correspondent aux phrases ci-dessous.

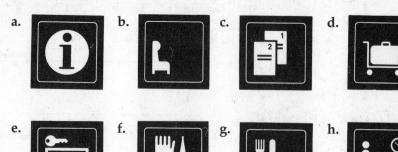

a.   b.   c.   d.

e.   f.   g.   h.

1. _____ J'ai faim. Je voudrais manger quelque chose.

2. _____ Je voudrais déposer ou laisser mes bagages pour une heure pendant que je me promène un peu dans la ville.

3. _____ Je suis en avance. Je voudrais attendre le train.

4. _____ J'ai beaucoup de bagages et je voudrais chercher un taxi.

5. _____ J'ai perdu mes clés.

6. _____ Je ne sais pas où je peux trouver un taxi.

7. _____ Je voudrais acheter mon billet.

8. _____ Je voudrais louer une place dans le train pour Nice.

B **Le secret de la pierre de Rosette** Lisez le texte suivant.

En 1799, l'expédition de Napoléon Bonaparte en Égypte a découvert une grosse pierre mystérieuse. C'était à Rosette, près de la ville du Caire. Sur cette pierre qui date de 196 avant Jésus-Christ, il y a une inscription en grec et en hiéroglyphes. Les explorateurs ramènent une copie de la pierre à Paris.

En 1804, Jean-François Champollion a quatorze ans. Il parle déjà neuf langues! Il s'intéresse aux hiéroglyphes égyptiens. Quand il découvre à Paris la copie de la pierre de Rosette, il sait qu'il a devant lui la clé du secret des hiéroglyphes. Pendant des années, il étudie la pierre. Finalement, il arrive à lire les noms de Cléopâtre et de Ptolémée en hiéroglyphes. Il compare au texte grec et comprend que les hiéroglyphes ne représentent pas seulement des dessins mais aussi des sons. Alors il fait correspondre mot à mot le texte grec aux hiéroglyphes égyptiens. Il a découvert le secret de l'écriture des pharaons!

Avez-vous compris? Répondez aux questions sur la lecture.

   1. Qui a découvert la pierre de Rosette?

   _____

   2. De quand date cette pierre?

   _____

   3. Qu'est-ce qu'il y a sur cette pierre?

   _____

   4. Combien de langues Champollion parle-t-il à l'âge de quatorze ans?

   _____

   5. Est-ce que les hiéroglyphes sont simplement des dessins?

   _____

D **Votre nom en hiéroglyphes** Écrivez votre nom en hiéroglyphes. N'oubliez pas le déterminatif qui précise s'il s'agit d'une fille ou d'un garçon.

VÉRONIQUE   OLIVIER

Mon autobiographie

Write about a trip you have taken. Tell how you got there, who you went with, where you went, and what you did there. If you haven't taken a trip, describe an imaginary one.

Mon autobiographie

Check-Up

1

Nom _____ Date _____

1 Complétez.

1. On joue un film au _____.

2. Et on monte une pièce au _____.

3. Il y a plusieurs _____: à 14 h, à 16 h et à 18 h.

4. C'est un film en V.O. avec des _____.

5. Claude Monet est un _____ impressionniste.

6. Je suis allée voir une _____ de peinture.

7. Le musée est _____ un jour par semaine—le mardi.

2 Complétez les phrases d'après les dessins.

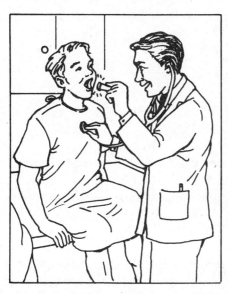

1. Le médecin _____ le malade.

2. Il examine la _____ du garçon.

3. Le garçon _____ la bouche.

4. Le médecin _____ des médicaments.

5. Il donne une _____ au garçon.

Workbook
Copyright © by The McGraw-Hill Companies, Inc.

Bon voyage! Level 2, Check-Up: Chapitres 1–4 ✤ **45**

3 Complétez.

1. Ces trains _____ les grandes villes seulement.

2. Le TGV est un train à grande _____.

3. Il n'y a plus de places. Le train est _____.

4. C'est un vol sans _____: de Paris à Pékin.

5. L'avion va atterrir et les passagers vont _____.

4 Choisissez.

1. _____ J'ai reçu ton fax hier.

2. _____ L'employé a pesé ma valise: 50 kilos!

3. _____ Le contrôleur est allé dans l'autre voiture.

4. _____ J'ai choisi le TGV. C'est très rapide.

5. _____ Je n'ai pas regardé le film. J'ai dormi jusqu'à l'arrivée.

a. à la maison

b. dans un train

c. dans un avion

d. à l'aéroport

e. à la gare

5 Choisissez le mot qui ne va pas avec les autres.

1. un écran   une souris   un logiciel   un billet

2. un rhume   une fente   une touche   une télécarte

3. un oreiller   une couverture   un compartiment   des écouteurs

4. la tonalité   le clavier   l'indicatif   le numéro

5. arriver   embarquer   fumer   débarquer

6. un repas   un dossier   un dîner   une collation

7. cliquer   sauvegarder   téléphoner   taper

8. envoyer   transmettre   taper   allumer

9. un texte   une imprimante   des données   un document

10. un tableau   un peintre   un sculpteur   un chanteur

6 Complétez en utilisant une forme de **connaître** ou **savoir.**

1. Je _____ Caroline.

2. Je _____ où elle habite.

3. Je _____ son adresse.

4. Elle _____ mes cousins.

5. Elle va souvent en France. Elle _____ bien Paris.

6. Comment? Tu ne _____ pas que la France est en Europe?

7 Répondez en utilisant un pronom.

1. Quand est-ce que tu vas me téléphoner?

   _____

2. Où est-ce qu'on attend les autres?

   _____

3. Les enfants, à quelle heure est-ce que je vous réveille?

   _____

4. Où est-ce que j'achète la viande?

   _____

5. Quand est-ce que je te vois?

   _____

6. Pourquoi est-ce que tu prends ton pull?

   _____

Workbook
Copyright © by The McGraw-Hill Companies, Inc.

Bon voyage! Level 2, Check-Up: Chapitres 1–4 ❖ **47**

8 Complétez en utilisant un pronom.

   1. Tu veux du beurre?

   Non merci, je n'_____ veux pas.

   2. Tu as téléphoné à ta tante?

   Oui, je _____ ai téléphoné hier.

   3. Tu as écrit à tes grands-parents?

   Non, mais je vais _____ écrire.

   4. Ils ont une voiture?

   Tu parles! Ils _____ ont quatre!

9 Complétez avec le verbe entre parenthèses.

   1. Vous _____ beaucoup? (souffrir)

   2. Pourquoi est-ce qu'ils _____ tout le temps la fenêtre? (ouvrir)

   3. Quand il était petit, il _____ beaucoup _____. (souffrir)

   4. Qui _____ _____ la porte? Elle doit toujours rester fermée! (ouvrir)

10 Récrivez à l'impératif.

   1. Tu peux aller à la boulangerie?

   _____

   2. Tu peux sortir?

   _____

   3. Tu peux acheter du lait?

   _____

   4. Tu peux répondre?

   _____

11 Complétez à l'imparfait.

    1. Ma mère _____ beaucoup. (lire)

    2. Nous _____ de la gymnastique. (faire)

    3. Tu _____ toujours de chaîne à la télé. (changer)

    4. Vous _____ où quand vous _____ jeune? (habiter, être)

12 Choisissez.

    1. Il était six heures du matin.

        a. Il faisait très froid.

        b. Il a fait très froid.

    2. Un homme est sorti du café.

        a. Il était content et il avait une valise à la main.

        b. Il a été content et il a eu une valise à la main.

    3. Il m'a dit bonjour.

        a. Je ne lui répondais pas.

        b. Je ne lui ai pas répondu.

    4. Pourquoi pas répondre?

        a. Je ne le connaissais pas.

        b. Je ne l'ai pas connu.

    5. Je suis entré dans le café.

        a. Je demandais qui était cet homme.

        b. J'ai demandé qui était cet homme.

    6. Il s'appelait Grégoire de Mirepoix.

        a. C'était le ministre de l'environnement.

        b. Ça a été le ministre de l'environnement.

Workbook
Copyright © by The McGraw-Hill Companies, Inc.

Bon voyage! Level 2, Check-Up: Chapitres 1–4 ✦ 49

13 Complétez en utilisant le verbe **venir.**

1. Je _____ des États-Unis.

2. Mon grand-père paternel _____ d'Irlande.

3. Mes grands-parents maternels _____ du Maroc.

4. Nous _____ de beaucoup de pays différents.

5. Et vous, vous _____ d'où?

14 Complétez le tableau.

	J'étais...	*Je reviens...*
France	*en France.*	*de France.*
Angleterre		
Espagne		
Canada		
Chine		
Chili		
Grèce		
Mexique		

CHAPITRE 5

Nom _____ Date _____

La banque et la poste

Vocabulaire   Mots 1

1   Monnaies Complétez.

1. Aux États-Unis, il y a des _____ de 1, 5, 10, 20, 50 et 100 dollars.

2. Et il y a des _____ de 1, 5, 10, 25 et 50 cents.

3. Les billets et les pièces sont de l'argent _____.

4. En France et en Europe, il y a des _____.

5. Il y a des _____ de 5, 10, 20, 50, 100, 200 et 500 euros.

6. Il y a des _____ de 1, 2, 5, 10, 20, 50 cents et de 1 et 2 euros.

2   Conversation Complétez la conversation.

—Je t'ai bien prêté 20 euros la semaine dernière?

—Je sais, je sais que je te _____ 20 euros.

—Et quand est-ce que…

—Ben maintenant, mais j'ai un _____ de 50 euros. C'est tout.

—Pas de problème, j'ai la _____.

—Ah bon. Alors voilà mes 50 euros.

—Et moi, je te _____ 30 euros. Les bons comptes font les bons amis.

3   Contraires Choisissez.

1. _____ prêter   **a.** fauché

2. _____ devoir   **b.** emprunter

3. _____ verser   **c.** un chèque

4. _____ faire des économies   **d.** retirer

5. _____ plein de fric   **e.** dépenser

6. _____ de l'argent liquide   **f.** rendre

Vocabulaire Mots 2

4 **La poste aux États-Unis** Vrai ou faux?

1. _____ Aux États-Unis chaque municipalité a son bureau de poste.

2. _____ L'employé(e) des postes distribue le courrier et le facteur travaille au bureau de poste.

3. _____ On ne peut pas acheter de timbres à la poste.

4. _____ Il faut toujours acheter des timbres au distributeur automatique.

5. _____ On vend des timbres dans certains magasins.

6. _____ On trouve toujours une boîte aux letters devant les bureaux de poste.

7. _____ Les boîtes aux lettres sont orange.

8. _____ La poste est un organisme du gouvernement fédéral.

9. _____ La poste est fermée le dimanche.

10. _____ Il faut quelquefois faire la queue devant un guichet à la poste.

5 **La correspondance** Complétez.

1. Il faut mettre une _____ dans une enveloppe mais il n'est pas nécessaire de mettre une carte postale dans une _____.

2. Ça coûte plus cher d'envoyer une lettre qu'une _____ _____.

3. Le facteur _____ le courrier.

4. Au bureau de poste, l'employé(e) des postes travaille au _____.

5. Il y a toujours des _____ devant la poste.

6. Je _____ une lettre dans une enveloppe avant de l'envoyer.

7. Il faut mettre un _____ sur une enveloppe.

8. Je peux acheter des timbres au guichet ou au _____.

9. Sur une enveloppe, il faut écrire le nom de la personne et son _____.

10. Je ne sais pas le _____ postal.

Une enveloppe Vous allez envoyer cette lettre à votre amie Sophie Martel qui habite 5 boulevard Saint-Michel, dans le cinquième arrondissement à Paris. Son code postal est 75005. Écrivez l'enveloppe et identifiez chaque détail que vous avez écrit.

1. _____

2. _____

3. _____

4. _____

7 **À la poste** Décrivez ce dessin.

_____

_____

_____

_____

_____

_____

8 **Quel est le mot?** Exprimez d'une autre façon.

1. la rue et la ville où l'on habite _____

2. les lettres, les cartes postales, etc. _____

3. un paquet _____

4. la personne qui distribue le courrier _____

5. là où l'on met les lettres et les cartes postales _____

6. la poste _____

7. ce que l'on utilise pour peser quelque chose _____

Structure Les pronoms relatifs **qui** et **que**

9 **Au bureau de poste** Complétez avec **qui** ou **que**.

1. J'ai envoyé ma lettre du bureau de poste _____ se trouve rue Jeanne d'Arc.

2. Tu parles de la lettre _____ tu as écrite à Paul?

3. Oui. Tu as lu la lettre _____ je lui ai écrite?

4. Non. Mais tu as mis la lettre dans la boîte aux lettres _____ se trouve devant la poste?

5. Non, je l'ai donnée à l'employée _____ travaille au guichet.

10 **Du courrier pour moi** Faites une seule phrase en utilisant **qui** ou **que**.

1. Je vois le facteur. Il distribue le courrier dans notre quartier.

   _____

   _____

2. Tous les jours le facteur apporte des lettres. Elles ne sont jamais pour moi.

   _____

   _____

3. Mais aujourd'hui j'ai reçu une carte postale! Elle est très jolie.

   _____

   _____

4. Mon meilleur ami m'a envoyé cette carte. Il est en vacances en Bretagne.

   _____

   _____

5. La Bretagne est une jolie province. Elle est dans le nord-ouest de la France.

   _____

   _____

6. Je voudrais visiter la Bretagne. Mon ami connaît bien la Bretagne.

   _____

   _____

11 **Cherchez la phrase.** Écrivez huit phrases en utilisant **qui** et **que**.

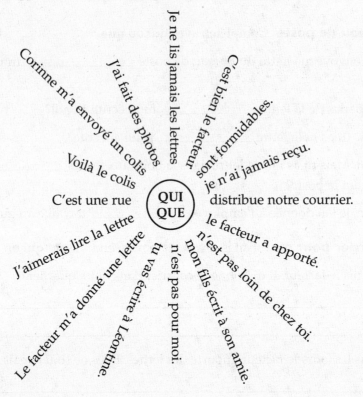

Je ne lis jamais les lettres

C'est bien le facteur

sont formidables.

je n'ai jamais reçu.

J'ai fait des photos

Corinne m'a envoyé un colis

Voilà le colis

C'est une rue

QUI
QUE

distribue notre courrier.

le facteur a apporté.

n'est pas loin de chez toi.

mon fils écrit à son amie.

n'est pas pour moi.

J'aimerais lire la lettre

Le facteur m'a donné une lettre

tu vas écrire à Léontine.

1. _____

2. _____

3. _____

4. _____

5. _____

6. _____

7. _____

8. _____

L'accord du participe passé

12 **Quelles jolies photos!** Complétez.

1. Voilà les photos que j'ai _____. (prendre)

2. C'est toi qui les as _____? (prendre)

3. Bien sûr! Je t'assure que je ne les ai pas _____. (acheter)

4. Tu ne les as jamais _____? (voir)

5. Non. Qui est cette fille sur la photo? Je ne l'ai jamais _____. (voir)

6. Mais si, c'est la fille que je t'ai _____ hier. (présenter)

7. Ah oui. Je ne sais pas pourquoi je ne l'ai pas _____. (reconnaître)

Les actions réciproques

13 **Tous les deux** Complétez.

1. Il me dit bonjour. Je lui dis bonjour. _____ _____ disons bonjour.

2. Il lui écrit. Elle lui écrit. _____ _____ écrivent.

3. Tu lui téléphones. Il te téléphone. _____ _____ téléphonez.

4. Elle t'aime. Tu l'aimes. _____ _____ aimez.

5. Je te regarde. Tu me regardes. _____ _____ regardons.

14 **Encore tous les deux!** Faites une seule phrase au passé composé.

1. Il m'a dit bonjour. Je lui ai dit bonjour.

_____

2. Il lui a écrit. Elle lui a écrit.

_____

3. Tu lui as téléphoné. Il t'a téléphoné.

_____

4. Elle t'a aimé. Tu l'as aimée.

_____

5. Je t'ai regardée. Tu m'as regardée.

_____

Personne ne... et Rien ne...

15 **Non, non!** Complétez.

1. Qu'est-ce que tu as dans la main?

   Moi, je n'ai _____ dans la main.

2. Tu as vu quelqu'un?

   Non, je n'ai vu _____.

3. Vous avez acheté quelque chose?

   Non, nous n'avons _____ acheté.

4. Tu as parlé à Nathalie?

   À Nathalie? Non. Je n'ai parlé à _____.

16 **Toujours rien.** Répondez négativement.

1. Qui est dans la cuisine?

   _____ est dans la cuisine.

2. Qui a téléphoné?

   _____ a téléphoné.

3. Qu'est-ce qui change?

   _____ change.

4. Qu'est-ce qui est arrivé?

   _____ est arrivé.

5. Quelqu'un est venu me voir?

   Non, _____ est venu te (vous) voir.

6. Quelque chose est tombé?

   Non, _____ est tombé.

7. Qui a raté le train?

   _____ a raté le train.

8. Qu'est-ce qui s'est passé ce matin?

   _____ s'est passé ce matin.

Un peu plus

A **À votre service** Lisez cet extrait tiré du magazine de la Poste.

COLIPOSTE OU COLISSIMO

Avec les services ColiPoste et Colissimo, La Poste s'engage à livrer votre colis en 48 heures dans toute la France métropolitaine (Monaco compris) et à vous fournir, en cas de retard accidentel, un bon de gratuité valable pour une prestation identique. De plus, en France métropolitaine, avec la gamme ColiPoste vous bénéficiez automatiquement d'une indemnisation forfaitaire de 30,50 euros contre les risques du transport : perte, détérioration ou spoliation.

Et pour 1,25 euro en plus, vous pouvez assurer votre envoi jusqu'à 152,50 euros et même jusqu'à 457,35 euros en payant 2,50 euros de plus, selon la valeur réelle du contenu de votre envoi.

CHRONOPOST

Chronopost répond tout à fait à vos attentes. Ce service de transport express permet l'envoi de plis et de colis jusqu'à 30 kilos en France métropolitaine et à Monaco, livrés le lendemain avant midi, mais aussi à destination des départements d'outre-mer, de l'Europe et du monde. En cas de dépassement des délais annoncés, Chronopost s'engage à vous indemniser à hauteur des frais de transport.

De plus, sachez que tous les envois Chronopost bénéficient d'une assurance comprise dans le prix du transport. En cas de perte, d'avarie ou de spoliation, le remboursement du contenu peut s'élever jusqu'à 440 euros selon le montant de la valeur de l'objet. Vous pouvez souscrire une couverture supplémentaire déterminée en fonction de la valeur de l'objet et qui vous garantit jusqu'à 15 245 euros.

B **Avez-vous compris?** Répondez aux questions sur la lecture.

1. Avec Coliposte ou Colissimo, votre colis arrive à destination en combien de temps?

_____

2. Qu'est-ce qui se passe si le colis a du retard?

_____

3. Qu'est-ce qui arrive en cas de perte, de détérioration ou de spoliation?

_____

4. Jusqu'à combien peut-on assurer son colis?

_____

5. Quel est le poids maximum d'un colis que l'on peut envoyer par Chronopost?

_____

6. Quand les plis (les lettres) et les colis Chronopost sont-ils livrés?

_____

7. Qu'est-ce qui est compris dans le prix du transport?

_____

8. Jusqu'à combien peut-on assurer un colis si on paie un supplément?

_____

C **Formulaire** Remplissez le formulaire de Chronopost.

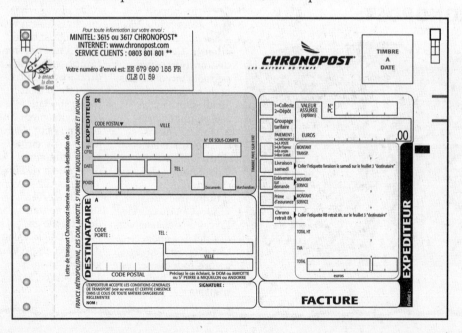

L'euro: billets et pièces Voici les billets et les pièces en euros.

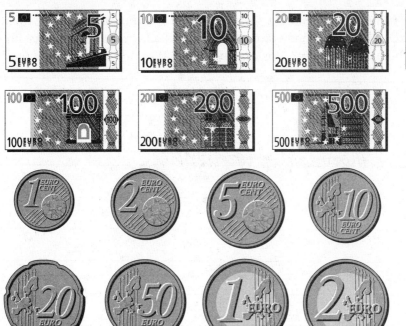

 L'appoint *(The exact change)* Vous voulez payer les choses suivantes. Donnez le montant exact parce que l'autre personne n'a pas de monnaie.

Un cahier pour 7 euros.
Un billet de cinq euros et une pièce de deux euros.

1. Un blouson pour 53 euros.

_____

_____

2. Une addition de 125,90 euros.

_____

_____

3. Deux billets d'opéra pour 196 euros.

_____

_____

4. Un livre pour 87 euros.

_____

_____

Mon autobiographie

Describe your feelings about money. Do you think it is important or not? Explain your opinion. Do you save money or do you spend it all? What do you do with your money and where do you get it? Do you have a job? If so, tell something about it.

Mon autobiographie

CHAPITRE 6

Nom _____ Date _____

La gastronomie

Vocabulaire **Mots 1**

1 **Qu'est-ce que c'est?** Identifiez.

 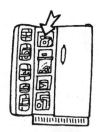

1. _____ 2. _____

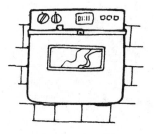  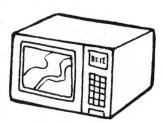

3. _____ 4. _____ 5. _____

2 **Des aliments** Complétez chaque groupe.

1. trois fruits

_____ _____ _____

2. trois légumes

_____ _____ _____

3. trois condiments

_____ _____ _____

Vocabulaire Mots 2

3 **Qu'est-ce qu'il fait?** Décrivez les dessins.

1.

2.

3.

4.

5.

6.

1. _____

2. _____

3. _____

4. _____

5. _____

6. _____

4 **De quoi a-t-on besoin?** Choisissez.

1. _____ pour faire cuire un hamburger   **a.** une casserole

2. _____ pour faire bouillir de l'eau   **b.** un verre

3. _____ pour couvrir une casserole   **c.** une poêle

4. _____ pour couper en morceaux   **d.** un couvercle

5. _____ pour verser de l'eau   **e.** un couteau

5 **Des aliments** Complétez chaque groupe.

1. trois viandes

_____ _____ _____

2. trois fruits de mer

_____ _____ _____

3. deux poissons

_____ _____

6 **Que peut-on en faire?** Suivez les indications.

1. Citez un aliment qu'on peut faire cuire.

_____

2. Citez un aliment qu'on peut faire bouillir.

_____

3. Citez un aliment qu'on peut mettre au congélateur.

_____

4. Citez un aliment qu'on peut éplucher.

_____

5. Citez un aliment qu'on peut râper.

_____

Structure Le futur simple

 Pour mon anniversaire Récrivez les phrases selon le modèle.

Ils préparent bien les desserts.
J'espère qu'ils prépareront les desserts.

1. Ils chantent bien.

_____

2. Ils dansent bien.

_____

3. Ils jouent bien de la guitare.

_____

4. Ils mangent bien.

_____

5. Ils choisissent bien les disques.

_____

6. Ils préparent bien les hors-d'œuvre.

_____

7. Ils parlent bien français.

_____

8. Ils répondent bien.

_____

9. Ils s'amusent bien.

_____

8 **En classe** Complétez au futur.

1. Je _____ toujours français en classe. (parler)

2. Je _____ à toutes les questions du prof. (répondre)

3. Tous les élèves _____ leurs devoirs. (finir)

4. Nous _____ tous des notes. (prendre)

5. Vous _____ tous les livres. (lire)

6. Après les cours, mon amie m'_____ devant l'école. (attendre)

9 **Aurélien** Complétez au futur.

1. Aurélien _____ à l'examen. (être)

2. Il _____ des études universitaires. (faire)

3. Aurélien _____ en France où il _____ ses études à l'université de Paris. (aller, faire)

4. Il _____ diplômé en médecine. (être)

5. Quand il rentrera à la Martinique, il _____ médecin. (être)

10 **Au marché** Récrivez au futur.

1. Je fais les courses.

   _____

2. Je vais au marché.

   _____

3. Je fais mes courses au marché de la rue Mouffetard.

   _____

4. Toi aussi, tu fais les courses?

   _____

5. Où va-t-on pour faire les courses?

   _____

6. Je suis au marché à neuf heures du matin.

   _____

Deux pronoms dans la même phrase

11 **J'ai besoin d'aide.** Récrivez les phrases en remplaçant les mots en italique par un pronom.

1. Tu me donnes *le sel?*

   _____

2. Tu m'épluches *les carottes?*

   _____

3. Tu me râpes *le fromage?*

   _____

4. Tu me laves *le persil?*

   _____

5. Tu me prépares *la vinaigrette?*

   _____

12 **Déjà fait?** Récrivez les réponses de l'Activité 11 au passé composé.

1. _____

2. _____

3. _____

4. _____

5. _____

13 **Quand?** Répondez «non» aux questions de l'Activité 12.

1. _____

2. _____

3. _____

4. _____

5. _____

14 **Pas mal** Continuez la phrase selon le modèle.

Tu m'as enregistré le film?
Non, je vais te l'enregistrer.

1. Ton frère t'a donné ce pantalon?

_____

2. Ta copine t'a acheté ces CD?

_____

3. Ton père t'a prêté sa voiture?

_____

4. Tu m'as rapporté mes livres?

_____

Faire + infinitif

15 **La famille!** Donnez des réponses personnelles.

1. Vos parents vous font faire vos devoirs?

_____

_____

2. Ils vous font mettre de l'argent de côté?

_____

_____

3. Qui vous fait mettre la table et faire la vaisselle? Votre mère ou votre père?

_____

_____

4. Vos parents vous font rentrer à la maison à quelle heure pendant la semaine?

_____

_____

5. Et le samedi?

_____

_____

Un peu plus

 Ratatouille provençale Lisez la recette suivante.

Pour 6 personnes :
- *2 aubergines*
- *4 courgettes*
- *1 poivron vert*
- *1 gros oignon*
- *2 gousses d'ail*
- *persil, thym, laurier*
- *3 cuillérées d'huile d'olive*
- *sel, poivre*

Épluchez les aubergines, les courgettes, l'oignon et l'ail. Lavez le poivron. Coupez tous les légumes en morceaux d'environ 1 cm. Faites chauffer l'huile dans une casserole. Ajoutez les oignons. Faites revenir les oignons pendant quelques minutes. Ajoutez les légumes et l'ail. Ajoutez le sel et le poivre. Faites cuire pendant 2 heures couvert à petit feu. Se mange chaud ou froid.

B **Avez-vous compris?** Donnez l'équivalent français.

1. eggplant _____

2. zucchini _____

3. tablespoon _____

4. heat up _____

5. sauté _____

6. covered _____

7. on a low fire _____

C **Le saga des fruits et des légumes** Lisez le texte ci-dessous pour savoir d'où viennent vos fruits et légumes préférés.

L'ananas
Américain, c'est l'empereur d'Allemagne Charles-Quint (1500–1558) qui l'a goûté pour la première fois.

La pêche
Chinoise, elle nous parvient vers 50 avant Jésus-Christ.

Le melon
Originaire d'Afrique, il arrive d'Italie en France en 1495.

Le raisin
Il est cultivé depuis l'antiquité.

Le concombre
Indien, il était le légume favori des Romains et des Gaulois qui croyaient qu'il rendait intelligent.

La tomate
Elle a été rapportée d'Amérique par Christophe Colomb.

L'asperge
Elle est cultivée depuis l'antiquité.

La fraise
Elle a été rapportée du Chili en 1713.

Le champignon
Cosmopolite. Nos ancêtres préhistoriques le ramassaient déjà.

L'abricot
Il est venu d'Orient dans les bagages de légions romaines au 1er siècle.

D **D'où viennent-ils?** Complétez le tableau.

Afrique	
Amérique	
Chine	
Inde	
Orient	
Tous les pays	

Mon autobiographie

Have you ever been to a fancy restaurant? What kind of restaurant was it? What did you order? Do you think it is right to spend a lot of money on a meal? Give reasons to justify your opinion.

Mon autobiographie

CHAPITRE 7

Nom _____ Date _____

La voiture et la route

Vocabulaire Mots 1

1 **Qu'est-ce que c'est?** Identifiez.

1. _____
2. _____
3. _____

4. _____
5. _____
6. _____

2 **Véhicules** Encerclez la lettre qui convient.

1. Un vélomoteur a _____ roues.

   a. deux   **b.** quatre

2. Un camion a _____ roues.

   a. deux   **b.** huit

3. En général, les familles préfèrent les _____.

   a. breaks   **b.** voitures de sport

4. Renault est une _____ française.

   a. roue   **b.** marque

5. Il faut avoir une clé pour mettre le _____.

   a. pneu   **b.** contact

6. Pour arrêter sa voiture, il faut _____.

   a. freiner   **b.** accélérer

7. On prend des leçons de conduite quand on ne sait pas _____.

   a. faire le plein   **b.** conduire

3 **À la station-service** Répondez d'après l'illustration.

1. Qu'est-ce qu'il y a comme véhicules dans cette station-service?

   _____

2. Qui vérifie le niveau d'huile?

   _____

3. Où est-ce que l'on met de l'essence?

   _____

4. C'est quel moment de la journée?

   _____

4 **Que faut-il faire?** Complétez les phrases suivantes.

1. Quand on ne sait pas conduire, il faut _____.

2. Quand on va trop vite, il faut _____.

3. Quand on veut s'arrêter, il faut _____.

4. Quand le réservoir est vide, il faut _____.

5. Quand on a un pneu à plat, il faut _____.

6. Quand on ne voit rien, il faut _____.

7. Quand on tombe en panne, il faut _____.

Vocabulaire   Mots 2

5 **Dans la rue** Identifiez.

1. _____
2. _____
3. _____
4. _____
5. _____

6 **La conduite aux États-Unis** Vrai ou faux?

1. _____ Dans certains états des États-Unis, on peut conduire sans permis.

2. _____ On peut souvent suivre des cours de conduite à l'école.

3. _____ Pour apprendre à conduire aux États-Unis, il faut prendre des leçons de conduite avec une auto-école.

4. _____ Sur les autoroutes, il y a des motards qui surveillent la circulation.

5. _____ La limitation de vitesse est la même en ville que sur l'autoroute.

6. _____ La plupart des autoroutes ont au moins deux voies dans chaque sens.

7. _____ Il est obligatoire de mettre sa ceinture de sécurité quand on conduit.

8. _____ Aux États-Unis, on peut stationner sur les trottoirs.

9. _____ Il faut respecter la limitation de vitesse.

7 **Quelle circulation!** Dites tout ce que vous pouvez sur le dessin ci-dessous.

_____

_____

_____

_____

_____

_____

_____

8 **Quel est le mot?** Choisissez le mot qui correspond.

1. _____ interdire   **a.** le croisement

2. _____ stationner   **b.** le clignotant

3. _____ conduire   **c.** l'interdiction

4. _____ croiser   **d.** la circulation

5. _____ surveiller   **e.** le changement

6. _____ permettre   **f.** la limitation

7. _____ circuler   **g.** le stationnement

8. _____ changer   **h.** la conduite

9. _____ clignoter   **i.** la surveillance

10. _____ limiter   **j.** le permis

Structure   Le conditionnel des verbes réguliers et irréguliers

9 **Le voyage de mes rêves** Récrivez les phrases au conditionnel.

1. Je ferai un voyage.

   _____

2. J'achèterai une voiture.

   _____

3. J'inviterai quelques amis.

   _____

4. Nous serons une vingtaine.

   _____

5. Nous irons dans le sud.

   _____

6. Il fera beau.

   _____

7. Nous prendrons de petites routes pittoresques.

   _____

8. On dormira sous la tente.

   _____

9. Les autres visiteront la région.

   _____

10. Mais moi, je passerai ma journée sur la plage... à ne rien faire! Divin!

   _____

10 **On ne peut pas.** Mettez les verbes entre parenthèses au conditionnel.

1. Je _____ bien y aller mais je ne peux pas. (vouloir)

2. Elle lui _____ de l'argent mais elle ne peut pas. (envoyer)

3. Il _____ finir demain mais il ne peut pas. (falloir)

4. Ils _____ bien mais ils ne peuvent pas. (venir)

5. Nous _____ y aller mais nous ne pouvons pas. (devoir)

Les propositions introduites par si

11 **Qu'est-ce que vous ferez?** Donnez des réponses personnelles.

1. Qu'est-ce que vous ferez si vous avez «A» en français?

_____

_____

2. Qu'est-ce que vous ferez si quelqu'un vous donne cent dollars?

_____

_____

3. Qu'est-ce que vous ferez si vous visitez la France?

_____

_____

4. Qu'est-ce que vous ferez si vous allez à Paris?

_____

5. Qu'est-ce que vous ferez si vous gagnez à la loterie?

_____

12 **Qu'est-ce que vous feriez?** Donnez des réponses personnelles.

1. Qu'est-ce que vous feriez si vous aviez «A» en français?

_____

_____

2. Qu'est-ce que vous feriez si quelqu'un vous donnait cent dollars?

_____

_____

3. Qu'est-ce que vous feriez si vous visitiez la France?

_____

_____

4. Qu'est-ce que vous feriez si vous alliez à Paris?

_____

5. Qu'est-ce que vous feriez si vous gagniez à la loterie?

_____

Deux pronoms dans la même phrase

13 **Quoi à qui?** Récrivez les phrases avec des pronoms.

1. J'ai donné *le plan de la ville à mon amie.*

_____

2. J'ai donné *ma carte routière à mon ami.*

_____

3. J'ai montré *mes photos à Caroline.*

_____

4. Stéphanie a prêté *le guide à ses amies.*

_____

14 **Dans quel ordre?** Reliez les points dans l'ordre qui convient et récrivez les phrases.

1. Je ne donne pas mon numéro de téléphone à mes amis.

• le   • ne

• Je

• pas   • donne   • leur

_____

2. Tu vas donner ton adresse à Laurence?

• vas

• la

• lui

• Tu

• donner

_____

3. Je n'ai pas donné mes clés à mes cousins.

• leur   • les   • données

• ne

• Je

• ai   • pas

_____

Un peu plus

 A **Elf à votre service** Lisez cette publicité et répondez aux questions.

ELF Pontchartrain
SARL. GALVAO
32, Route du Pontel
Tel: 01.34.89.02.06
78760 PONTCHARTRAIN

FACE à la GENDARMERIE
la nouvelle gérance de la station est à votre service
pour de petites réparations mécaniques toutes marques
ALLUMAGE, CARBURATION, CO CO2
et sans rendez-vous
VIDANGE, GRAISSAGE, PNEUS, EQUILIBRAGE
PLAQUETTES de FREINS, PLAQUES MINERALOGIQUES
BATTERIES, accessoires AUTO, LAVAGE multiprogramme
et bientôt Location de véhicules, LAVAGE MOTEUR
et toute la gamme d'huiles

---

1. La station Elf se trouve dans quelle ville?

_____

2. Qu'est-ce qu'il y a en face de la station-service?

_____

3. Qu'est-ce qu'on fait dans cette station-service?

_____

_____

B **Comment dit-on?** Donnez l'équivalent français.

1. spark plugs _____

2. lube job _____

3. oil change _____

4. alignment _____

5. car wash _____

6. brake pads _____

7. battery _____

8. car rental _____

C **Le stationnement unilatéral** Lisez.

Dans beaucoup de villes en France, le stationnement est unilatéral, c'est-à-dire qu'on ne peut stationner que d'un seul côté de la rue. Pour ne pas pénaliser toujours les mêmes habitants et pour pouvoir nettoyer la rue, on change de côté tous les quinze jours. Le changement s'effectue le dernier jour de la quinzaine entre 20 h 30 et 21 h 00. Par exemple, du 1er au 15 de chaque mois on peut se garer devant les numéros impairs et du 16 à la fin du mois on peut se garer devant les numéros pairs.

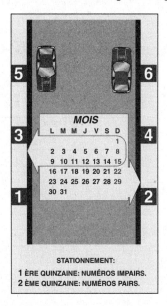

D **Comment dit-on?** Donnez l'équivalent français.

1. an even number _____

2. an odd number _____

3. one-side-of-the-street parking _____

E **Avez-vous compris?** Répondez aux questions sur la lecture.

1. Quand le stationnement est unilatéral, où est-ce qu'on peut stationner?

_____

2. 2, 4, 6, 8—ce sont des numéros pairs ou impairs?

_____

3. Le 3 mars, il est interdit de se garer devant le 17 rue d'Alésia?

_____

4. Le 30 octobre, vous garez votre voiture devant le 123 boulevard Saint-Germain. Est-ce que vous allez avoir une contravention?

_____

Mon autobiographie

If you're a driver, tell where you prefer to drive—in the city or on the highway—and why. If you're not a driver, describe what you think it's like to drive through your own town or city. Describe a nearby highway.

Mon autobiographie

1 Identifiez.

1. _____ 2. _____ 3. _____

4. _____ 5. _____ 6. _____

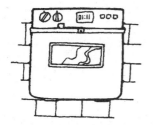

7. _____ 8. _____ 9. _____

10. _____ 11. _____ 12. _____

Workbook
Copyright © by The McGraw-Hill Companies, Inc.

Bon voyage! Level 2, Check-Up: Chapitres 5–7 ⚜ **83**

2 Complétez en utilisant le verbe qui convient.

1. On _____ les pommes de terre.

2. On _____ la salade.

3. On _____ le fromage.

4. On _____ une sauce.

5. On _____ de l'eau dans une casserole.

3 Classez les mots suivants selon leur catégorie. N'oubliez pas l'article.

> rôti, gigot, oignon, poivron rouge, moule, champignon,
> sole, haricots verts, côtelette, homard, huître, crabe

LÉGUMES

_____   _____

_____   _____

_____   _____

VIANDES

_____   _____

_____   _____

_____   _____

POISSONS/FRUITS DE MER

_____   _____

_____   _____

_____   _____

4 Complétez.

1. Avant de quitter l'autoroute, on paie au _____.

2. Quand on est perdu, il faut consulter une _____.

3. On peut traverser la rue quand le _____ est rouge.

4. Les piétons doivent marcher sur le _____.

5. Quand il y a un accident sur la route, ça crée un _____.

Workbook

5 Complétez en utilisant **qui** ou **que**.

    1. Nous regardons une émission _____ nous intéresse beaucoup.

    2. Le client _____ vous allez voir est très aimable.

    3. C'est le colis _____ tu as envoyé?

    4. C'est une erreur _____ n'est pas excusable.

    5. Le château _____ nous avons visité est vraiment formidable.

6 Faites l'accord du participe passé si nécessaire.

    1. Les timbres que j'ai acheté_____ représentaient Monet.

    2. Mélanie, tu as déjà mis_____ la nouvelle robe que je t'ai offert_____?

    3. Mes amies ne sont pas là. Je les ai appelé_____ à midi et il n'y avait pas de réponse.

    4. J'ai envoyé_____ ta lettre et ton colis. Je les ai envoyé_____ par avion.

7 Faites une seule phrase d'après le modèle.

    Marie te regarde. Tu regardes Marie.
    Vous vous regardez.

    1. Patrick te téléphone. Tu téléphones à Patrick.

    _____

    2. Je t'aime. Tu m'aimes.

    _____

    3. Mélanie écrit à Fabienne. Fabienne écrit à Mélanie.

    _____

    4. Jean-Louis voit Catherine. Catherine voit Jean-Louis.

    _____

8 Faites l'accord si nécessaire.

    1. Ce matin, Mélanie et Johanne se sont vu_____ et elles se sont dit_____ bonjour.

    2. Nous nous sommes téléphoné_____ et nous nous sommes parlé_____ pendant une heure.

    3. Ils se sont écrit_____ et ils se sont retrouvé_____ une année plus tard.

Workbook
Copyright © by The McGraw-Hill Companies, Inc.

Bon voyage! Level 2, Check-Up: Chapitres 5–7 ✣ **85**

9 Complétez avec **personne ne** ou **rien ne.**

1. _____ est entré dans cette pièce.

2. _____ l'intéresse.

3. _____ peut arriver de mal.

4. _____ parle!

10 Complétez le tableau.

	FUTUR	CONDITIONNEL
parler	je	je
finir	ils	ils
attendre	on	on
avoir	tu	tu
être	je	je
aller	nous	nous
faire	vous	vous
pouvoir	tu	tu
devoir	je	je
venir	ils	ils

11 Complétez avec les verbes entre parenthèses.

1. Si je peux, je _____ un grand voyage. (faire)

2. Si tu _____, tu pourras apporter tes CD? (venir)

3. Ils partiront tôt s'ils _____ tout. (finir)

4. Je ne _____ pas ma voiture si je peux la faire réparer.
   (vendre)

5. Elle nous fera un plat de son pays si elle _____ les
   ingrédients. (trouver)

6. J'_____ le colis si je trouve du papier. (envoyer)

7. Si tu le vois, tu lui _____ bonjour de ma part? (dire)

8. Si j'_____ le temps, j'apprendrai l'espagnol. (avoir)

12 Complétez selon l'Activité 11.

1. Si je pouvais, je _____ un grand voyage.

2. Si tu _____, tu pourrais apporter tes CD?

3. Ils partiraient tôt s'ils _____ tout.

4. Je ne _____ pas ma voiture si je pouvais la faire réparer.

5. Elle nous ferait un plat de son pays si elle _____ les
   ingrédients.

6. J'_____ le colis si je trouvais du papier.

7. Si tu le voyais, tu lui _____ bonjour de ma part?

8. Si j'_____ le temps, j'apprendrais l'espagnol.

Workbook
Copyright © by The McGraw-Hill Companies, Inc.

Bon voyage! Level 2, Check-Up: Chapitres 5–7 ❖ **87**

13 Répondez en utilisant deux pronoms.

1. Quand est-ce que tu vas me rendre mon argent? Demain?

_____

2. Pourquoi est-ce que tu ne m'as pas apporté le courrier? Tu n'as pas eu le temps?

_____

3. Quand est-ce que votre mère vous donne votre semaine? Le samedi?

_____

4. Où est-ce que tu m'as acheté ce cadeau? Au «Bon Marché»?

_____

5. Quand est-ce que tu peux me prêter ta voiture? La semaine prochaine?

_____

6. Pourquoi est-ce qu'il ne me prête pas sa moto? Parce qu'il trouve que je conduis mal?

_____

14 Complétez en utilisant deux pronoms.

1. Il va montrer ses photos à ses amis?

Oui, _____

Non, _____

2. Vous avez dit la nouvelle à votre tante?

Oui, _____

Non, _____

3. Tu as envoyé ta nouvelle adresse à tes amis?

Oui, _____

Non, _____

4. Nous allons vendre notre appartement aux voisins?

Oui, _____

Non, _____

CHAPITRE 8

Nom _____ Date _____

Un accident et l'hôpital

Vocabulaire **Mots 1**

1 **Le corps humain** Identifiez.

1. _____
2. _____
3. _____
4. _____
5. _____
6. _____

2 **Qu'est-ce que c'est?** Identifiez.

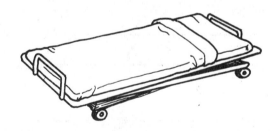 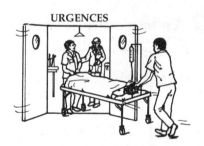

URGENCES

1. _____ 2. _____

 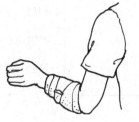

3. _____ 4. _____ 5. _____

3 **Un petit accident** Complétez.

1. Il a eu un petit _____.

2. Qu'est-ce qui lui est _____?

3. Il a _____ sur une peau de banane.

4. Sur une peau de banane? Et il est _____?

5. Oui, et il s'est _____ la cheville.

6. Le _____ lui a fait un _____.

7. Il marche avec des _____.

4 **Petit dictionnaire** Quel est le mot?

1. on en a cinq sur chaque main _____

2. on en a cinq sur chaque pied _____

3. personne qui soigne les malades et aide les médecins

   _____

4. là où une ambulance emmène un malade _____

5. ce que le médecin fait quand on se coupe sérieusement

   _____

5 **Un formulaire** Remplissez ce formulaire.

NOM _____

PRÉNOMS _____

ADRESSE: RUE _____

    VILLE (AVEC CODE POSTAL) _____

ÂGE _____ SEXE _____

LIEU DE L'ACCIDENT _____

HEURE DE L'ACCIDENT _____

DESCRIPTION _____

_____

_____

---

6 **Un(e) accidenté(e)** Décrivez l'accident de l'Activité 5 en utilisant les renseignements que vous avez fournis.

_____

_____

_____

_____

_____

Vocabulaire   Mots 2

7 **Au service des urgences** Décrivez tout ce qui se passe dans la salle des urgences.

_____

_____

_____

_____

_____

_____

_____

_____

_____

_____

8 **Un petit dictionnaire** Quel est le mot?

1. celui qui opère, qui fait des interventions chirurgicales _____

2. le négatif d'une photo d'un os, fait par un radiologue _____

3. le médecin qui remet les os en place _____

4. le médecin qui donne une anesthésie pendant une opération _____

5. une injection _____

6. la pression du sang dans les artères _____

Structure Les pronoms interrogatifs et relatifs

9 **Des questions!** Complétez en utilisant **qu'est-ce qui** ou **qu'est-ce que.**

1. _____ se passe?

2. _____ est sur la table?

3. _____ vous avez?

4. _____ est arrivé?

5. _____ te fait mal?

6. _____ le médecin t'a dit?

7. _____ il t'a fait?

8. _____ il t'a prescrit?

9. _____ la radio indiquait?

10. _____ il va faire?

10 **Tu sais ce qu'il faut faire!** Complétez en utilisant **ce qui** ou **ce que.**

1. _____ intéresse Paul, c'est le diagnostic.

2. Tu sais _____ lui est arrivé, n'est-ce pas?

3. Il n'a pas compris _____ le médecin lui a dit.

4. Mais _____ m'inquiète, c'est que le médecin n'a pas pu lui dire

   exactement _____ il a.

5. Il a fait _____ il fallait faire.

11 **Encore des questions!** Faites des questions directes avec les phrases de l'Activité 10.

1. _____ intéresse Paul?

2. _____ lui est arrivé?

3. _____ il a compris?

4. _____ t'inquiète?

5. _____ il a?

6. _____ il a fait?

Les pronoms et l'impératif

12 **Fais-le.** Répondez d'après le modèle.

Je veux acheter cette voiture.
Pas de problème. Achète-la.

1. Je veux acheter ce vélo.

   _____

2. Je veux acheter cette moto.

   _____

3. Je veux acheter cette décapotable.

   _____

4. Je veux acheter ces pneus.

   _____

5. Je veux acheter cette voiture de sport.

   _____

13 **Ne le fais pas!** Récrivez les verbes de l'Activité 12 à la forme négative.

1. _____   4. _____

2. _____   5. _____

3. _____

14 **Allez-y!** Répondez d'après le modèle.

Nous voulons regarder ce magazine.
Regardez-le.

1. Nous voulons regarder ces photos.

   _____

2. Nous voulons lire ce journal.

   _____

3. Nous voulons écouter ces CD.

   _____

4. Nous voulons écouter cette musique.

   _____

15 **Ne le faites pas!** Récrivez les verbes de l'Activité 14 à la forme négative.

1. _____   3. _____

2. _____   4. _____

16 **Faites-le!** Écrivez les phrases suivantes à la forme affirmative.

1. Ne me donnez pas votre livre.

_____

2. Ne me parlez pas.

_____

3. Ne m'écoutez pas.

_____

4. Ne me regardez pas.

_____

5. Ne vous levez pas.

_____

6. Ne vous dépêchez pas.

_____

7. Ne vous mettez pas à table.

_____

8. Ne vous couchez pas.

_____

17 **Fais ce que tu veux.** Répondez d'après les modèles.

Je veux me laver.
Alors, lave-toi!

Je ne veux pas me laver.
Alors, ne te lave pas!

1. Je veux me lever.

_____

2. Je veux m'habiller.

_____

3. Je veux me raser.

_____

4. Je veux me coucher de bonne heure.

_____

5. Je ne veux pas me raser.

_____

6. Je ne veux pas me dépêcher.

_____

7. Je ne veux pas me laver les cheveux.

_____

8. Je ne veux pas me maquiller.

_____

Le superlatif des adjectifs

18 **Beaucoup d'enfants!** Donnez des réponses d'après les dessins.

Margot   **Catherine**   **David**   **Fabrice**   **Marianne**

1. Qui est le/la plus triste des cinq enfants?

_____

2. Qui est le/la plus content(e)?

_____

3. Qui est le/la plus grand(e)?

_____

4. Qui est le/la plus petit(e)?

_____

5. Qui est le/la plus âgé(e)?

_____

6. Qui est le/la plus adorable?

_____

19 **Tes amis** Donnez des réponses personnelles.

    1. Qui est le/la plus sérieux(se) de tes amis?

    _____

    2. Qui est le/la plus amusant(e)?

    _____

    3. Qui est le/la plus intelligent(e)?

    _____

    4. Qui est le/la plus beau/belle?

    _____

    5. Qui est le/la plus timide?

    _____

    6. Qui est le/la plus égoïste?

    _____

    7. Qui est le/la plus sympathique?

    _____

Meilleur/Mieux

20 **Comparaisons** Complétez en utilisant **mieux** ou **meilleur(e)(s)**.

    1. Je skie bien mais mon copain skie _____ _____ moi.

    2. Béatrice est très bonne en espagnol. C'est la _____ _____ la classe.

    3. Elle parle _____ _____ les autres.

    4. Je joue bien au tennis, mais Caroline joue _____ _____ moi.

    5. C'est la _____ _____ l'école.

Un peu plus

 A **Santé à cœur** Lisez cette publicité pour l'organisation *Santé à cœur*.

AGISSEZ AUJOURD'HUI

VOUS FUMEZ TROP... ET VOUS LE SAVEZ...

COMBIEN DE FOIS VOUS ÊTES-VOUS DÉJÀ DIT :
"DEMAIN J'ARRÊTE"
ET PUIS REPRIS DANS VOTRE VIE DE TOUS LES JOURS...
VOUS FUMEZ TOUJOURS...

NOUS AVONS CRÉÉ SANTÉ À CŒUR, SON ÉQUIPE DE PROFESSIONNELS ET SON **PROGRAMME SPÉCIFIQUE** POUR VOUS AIDER... CAR NOUS LE SAVONS BIEN : **BIEN S'ARRÊTER DE FUMER : CE N'EST PAS ÉVIDENT.** MAIS LA DÉCISION, C'EST À VOUS DE LA PRENDRE... LE RESTE NOUS LE FERONS ENSEMBLE ET NOUS RÉUSSIRONS. VOUS ÊTES DÉCIDÉS ?

ALORS APPELEZ TOUT DE SUITE LE 01 47 66 59 49 POSTE : 52
BRAVO UN VÉRITABLE PASSEPORT POUR LA FORME VOUS ATTEND.

NE REMETTEZ PAS VOTRE DÉCISION À PLUS TARD

B **Vous avez compris?** Que fait *Santé à cœur*? Expliquez brièvement.

_____

_____

_____

_____

C **Un volet de facturation** Lisez ce volet de facturation qu'on remplit quand on veut se faire rembourser.

```
cerfa                VOLET DE FACTURATION
N° 60-3677      DU PHARMACIEN OU DU FOURNISSEUR
            RENSEIGNEMENTS CONCERNANT L'ASSURÉ(E)   (1)

NUMÉRO
D'IMMATRICULATION

NOM-Prénom
(suivi s'il y a lieu
du nom d'époux)

ADRESSE

                  | | | | | |
                  CODE POSTAL

            SITUATION DE L'ASSURÉ(E) A LA DATE DES SOINS
☐ ACTIVITÉ SALARIÉE ou arrêt de travail
☐ ACTIVITÉ NON SALARIÉE
☐ SANS EMPLOI ▶Date de cessation d'activité :
☐ PENSIONNÉ(E)
☐ AUTRE CAS ▶ lequel :

         RENSEIGNEMENTS CONCERNANT LE MALADE   (1)
● S'agit-il d'un accident ?  OUI    NON    Date de cet accident :
● Si le malade est PENSIONNÉ DE GUERRE
  et si les soins concernent l'affection pour laquelle il est pensionné, cocher cette case ☐

            SI LE MALADE N'EST PAS L'ASSURÉ(E)
● NOM
● Prénom                              Date de Naissance
● LIEN avec l'assuré(e) :  ☐ Conjoint   ☐ Enfant   ☐ Autre membre   ☐ Personne vivant mari-
                                                      de la famille       talement avec l'assuré(e)
● Exerce-t-il habituellement une activité professionnelle
  ou est-il titulaire d'une pension ?        OUI    NON

                MODE DE REMBOURSEMENT   (1)
☐ VIREMENT A UN COMPTE POSTAL, BANCAIRE OU DE CAISSE D'ÉPARGNE
  Lors de la première demande de remboursement par virement à un compte postal, bancaire, ou de
  caisse d'épargne ou en cas de changement de compte, joindre le relevé d'identité correspondant.

☐ Autre mode de paiement

(11) Mettre une croix dans la case        J'atteste, sur l'honneur, l'exactitude
     de la réponse exacte                 des renseignements portés ci-dessus.

"LA LOI REND PASSIBLE D'AMENDE ET/OU
D'EMPRISONNEMENT QUICONQUE SE REND COUPABLE   Signature
DE FRAUDES OU DE FAUSSES DÉCLARATIONS         de l'assuré(e) ▶
(articles L 377-1 du Code de la Sécurité Sociale,
1047 du Code Rural, 150 du Code Pénal)."
                                                        s 3115 c
fabrègue s.a. saint-yrieix - limoges - paris          CNAMTS - 01-89
```

D **Quel est le mot?** Quel est l'équivalent en français?

1. the insured person _____

2. the date of treatment _____

3. the patient _____

4. check the box _____

5. method of reimbursement _____

6. signature of the insured _____

Test Faites ce test tiré du magazine *Top Santé*.

CONNAISSEZ-VOUS VOTRE CORPS?

Vous pouvez donner une ou plusieurs réponses.

1 *Le pied:*
a) se compose de trois groupes osseux: le carpe, le métacarpe et les phalanges
b) l'os du talon est le calcanéum
c) chaque orteil [doigt de pied] se compose de deux phalanges

2 *Le genou:*
a) sa portion postérieure s'appelle «le creux poplité»
b) les ménisques sont situés entre la rotule et le fémur
c) les ligaments croisés sont situés à l'intérieur de l'articulation

3 *Les membranes:*
a) le péritoine entoure l'estomac
b) la plèvre entoure les poumons
c) les méninges entourent le cerveau et toute la moelle épinière

4 *La peau:*
a) est l'organe le plus grand du corps
b) est de couleur variable en fonction du nombre de cellules productrices
c) rougit sous l'influence de certains nerfs sous-cutanés

5 *Le sang:*
a) les groupes sanguins ont été découverts en 1937
b) le rôle des globules rouges est uniquement de transporter l'oxygène
c) les globules blancs sont aussi appelés «leucocytes»

6 *Les dents:*
a) les premières dents définitives apparaissent vers l'âge de six ans
b) les dernières dents de lait à tomber sont les molaires
c) sont composées de quatre matériaux: émail, dentine, cément et pulpe

RÉPONSES

1. **b** (a: non, le tarse, le métatarse et les phalanges; c: non, seul le gros orteil a deux phalanges, les autres en ont trois)
2. **a et c** (b: faux, ils servent d'amortisseurs entre fémur et tibia, dans l'articulation)
3. **b et c**
4. **a** (oui, car la peau est bien constituée comme un organe)
5. **c** (a: non, en 1900, par Karl Landsteiner, b: non, ils transportent aussi le gaz carbonique)
6. **a et c**

Workbook

Bon voyage! Level 2, Chapitre 8 ✤ 99

Mon autobiographie

Have you ever had an accident? If so, describe it. Tell if you ever had to go to the hospital. Describe your experience.

If you've never had an accident or never been to the hospital, describe your local hospital to the best of your ability.

Does your town have a first-aid squad? If so, tell something about it.

Mon autobiographie

CHAPITRE 9

Nom _____ Date _____

L'hôtel

Vocabulaire **Mots 1**

1 L'arrivée à l'hôtel Complétez.

1. Quand on arrive dans un hôtel, on va à la _____.

2. La réception est située dans le _____ de l'hôtel.

3. À la réception, il y a une _____.

4. Un client qui arrive dans un hôtel remplit une _____.

5. Il a envoyé de l'argent à l'avance. Il a versé des _____.

6. Il faut _____ sa chambre si on veut être sûr d'en avoir une.

7. Le petit déjeuner est _____ dans le prix de la chambre.

8. C'est une chambre à un _____.

9. Il y a une _____ pour se laver?

10. Voulez-vous qu'on vous aide à monter vos _____?

11. Vous avez votre _____ pour ouvrir la porte?

12. Nous vous souhaitons un bon _____, mademoiselle.

2 Quel est le contraire? Choisissez.

1. _____ arriver   **a.** défaire

2. _____ monter   **b.** ouvrir

3. _____ sortir   **c.** descendre

4. _____ faire   **d.** entrer

5. _____ fermer   **e.** partir

3 **Dans le hall de l'hôtel** Décrivez le dessin ci-dessous.

_____

_____

_____

_____

_____

_____

_____

_____

_____

_____

_____

_____

Vocabulaire **Mots 2**

4 **Qu'est-ce que c'est?** Identifiez.

 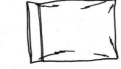 

1. _____   2. _____   3. _____

4. _____   5. _____   6. _____

7. _____   8. _____

5 **À l'hôtel** Complétez.

1. On utilise une serviette pour _____ .

2. La femme de _____ lui a donné une serviette.

3. Quand on quitte l'hôtel, on demande la _____ .

4. Il faut toujours vérifier les _____ de téléphone.

5. On peut payer en _____ .

6. On peut aussi payer avec une _____ .

7. Il faut _____ la chambre avant midi.

6 **Quel est le contraire?** Choisissez.

1. _____ carte de crédit   **a.** occuper

2. _____ poliment   **b.** sale

3. _____ libérer   **c.** impoliment

4. _____ des frais   **d.** en espèces

5. _____ propre   **e.** des économies

Workbook

Bon voyage! Level 2, Chapitre 9 ❖ **103**

Structure   Le passé composé: être ou avoir

7 **Premier jour à l'hôtel**   Récrivez les phrases au passé composé.

1. Marie monte au troisième étage.

   _____

2. Elle monte ses bagages.

   _____

3. Elle sort la clé de sa poche.

   _____

4. Elle descend.

   _____

5. Elle ne descend pas ses bagages.

   _____

6. Elle sort.

   _____

7. Elle rentre deux heures plus tard.

   _____

Le pronom y

8 **Faites-le!**   Répondez selon le modèle.

Elle va souvent à Montréal?
Oui, elle y va souvent.

1. Ils vont souvent à Paris?

   _____

2. Ils restent longtemps en France?

   _____

3. Ils descendent quelquefois à l'hôtel George V?

   _____

4. Ils montent souvent à la tour Eiffel?

   _____

5. Ils retrouvent des amis au restaurant?

   _____

9 **La note** Récrivez les phrases en utilisant **y** ou **lui**.

1. Adrien va *à la réception*.

   _____

2. Il parle *au réceptionniste*.

   _____

3. Il demande sa note *au réceptionniste*.

   _____

4. Il vérifie sa note *dans le hall de l'hôtel*.

   _____

5. Il trouve une erreur *sur la note*.

   _____

6. Il retourne *à la réception*.

   _____

7. Il demande une explication *au réceptionniste*.

   _____

Un pronom + **en**

10 **De l'argent** Répondez aux phrases suivantes selon les indications en utilisant un pronom et **en**.

1. Tu as emprunté de l'argent à tes parents? (oui)

   _____

2. Tes parents t'ont donné de l'argent? (oui, beaucoup)

   _____

3. Tu peux me prêter de l'argent? (oui)

   _____

4. Tu peux me prêter 10 euros? (non, cinq)

   _____

11 **Combien** Inventez cinq devinettes selon le modèle.

> **Il y a combien de doigts sur une main?**
> **Il y en a cinq.**

1. _____

   _____

2. _____

   _____

3. _____

   _____

4. _____

   _____

5. _____

   _____

La formation des adverbes

12 **Quel adverbe?** Complétez avec l'adverbe qui correspond à l'adjectif en italique.

1. Les femmes de chambre sont très *polies*. Elles parlent _____ aux clients.

2. C'est un train *direct*. Il va _____ à Agen.

3. Il est *vrai* que le service dans cet hôtel est excellent. Le service est

   _____ excellent.

4. Il y a des arrêts *fréquents*. Ce bus s'arrête _____.

5. La réceptionniste est une femme *sérieuse*. Elle travaille _____.

6. Elle est très *prudente* quand elle conduit. Elle conduit _____.

Un peu plus

A **Une note d'hôtel** Lisez cette note d'hôtel et répondez aux questions.

```
SARL VERTHÔTEL
HÔTEL DU ROC  ★ ★
" A l'entrée de la cité"

46 500 - ROCAMADOUR
Tel : 05.65.33.62.43

Fax : 05.65.33.62.11
e.mail :hotelroc@wanadoo.fr      web : www.hotelroc.com
```

Suzanne et Michel Rozieres
vous remercient de votre visite
et vous disent à bientôt !

Chambre N°	**129**	**Facture** 0
Nom :	AMERICAINS NUIT DU : 16 au 17 JUILLET	17 juillet

	€
Chambre Douche-WC	
Personne supplémentaire	33,54
Petit déjeuner	
Téléphone	5,34
Carterie	
Brochure	0,91
Consommation	3,81
Brasserie	
Divers	
fact,antérieures	
TOTAL	
Taxe de séjour	**43,60**
TOTAL TTC	0,61
	44,21

Paiement	
espèces	
carte de crédit	
chèque	
American Express	44,21 €
chèque vacances	
en compte	

1. Quel est le numéro de la chambre? _____

2. Quel est le prix de la chambre? _____

3. Ils ont pris un petit déjeuner? _____

4. Ils ont utilisé le téléphone? _____

5. La taxe est de combien? _____

6. Quel est le prix net à payer? _____

B **Renseignements** Complétez.

1. le nom de l'hôtel _____

2. la ville de l'hôtel _____

3. le code postal _____

Le guide Michelin Vous allez passer vos vacances à Nice. Choisissez un hôtel.

Méridien 1 promenade des Anglais
«Piscine panoramique sur le toit»
305 ch. 245/375, 9 appart.
Palace contemporain où vous pourrez nager et bronzer
sur le toit, tout en admirant la baie des Anges. Les
chambres ont récemment adopté les couleurs du Sud.

Atlantic 12 bd V. Hugo
13   **123 ch.** 160/175
Immeuble de la fin du 19ᵉ s. dont le hall majestueux
a conservé ses attributs Belle Époque. Chambres spacieuses,
le plus souvent aménagées dans le style contemporain.

Windsor 11 r. Dalpozzo
«Chambres d'artistes, jardin exotique avec piscine»
ch.
8   **57 ch.** 112
Chambres confortables; certaines sont très originalement
décorées par des artistes contemporains. Autour de la piscine,
jardin exotique et chants d'oiseaux tropicaux.

Fontaine 49 r. France
sans rest -
8   **28 ch.** 75/100
Dans une rue commerçante, hôtel dont les chambres
assez petites, présentent un frais décor moderne.
Quelques-unes donnent sur un mini-patio où murmure
une fontaine.

D **Une réservation** Écrivez à l'hôtel que vous avez choisi dans l'Activité C. Dites quel genre de chambre vous voulez. Donnez vos dates d'arrivée et de départ. Demandez le montant des arrhes que vous devez verser, etc.

(Votre nom et adresse)

_____

_____

_____

Localité, le. . .(*date*)

_____

Monsieur / Madame le directeur
de l'Hôtel. . .(nom et adresse)

_____

_____

_____

Monsieur / Madame,

_____

_____

_____

_____

_____

_____

_____

Signature: _____

Mon autobiographie

Have you ever stayed in a hotel? If you have, describe your hotel stay. How long did you stay? What was the hotel like? Where was it?

If you haven't, imagine that you are going to stay at a hotel soon. Write about it.

Mon autobiographie

CHAPITRE 10

Nom _____ Date _____

Les transports en commun

Vocabulaire Mots 1

1 Dans la station de métro Répondez d'après le dessin.

1. Où les voyageurs font-ils la queue?

   _____

2. Qu'est-ce qu'ils achètent au guichet?

   _____

3. Qu'est-ce qu'il y a à côté du guichet?

   _____

4. Comment s'appelle cette station?

   _____

5. Combien de lignes se croisent à cette station?

   _____

2 **Le métro** Complétez.

1. Il y a dix tickets de métro dans un _____.

2. On peut acheter des tickets au _____ ou au

_____.

3. Les voyageurs attendent le métro sur le _____.

4. Les voyageurs peuvent prendre _____ dans une
station où deux lignes se croisent.

5. On peut regarder le plan du métro parisien si l'on ne sait pas quelle

_____ prendre.

3 **Quelle est l'expression?** Exprimez d'une autre façon.

1. un escalator _____

2. un billet _____

3. pardon _____

4. changer de ligne _____

Vocabulaire   **Mots 2**

4 **L'autobus** Identifiez.

1. 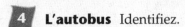   2.    3.    4.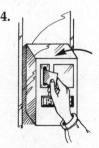

1. _____

2. _____

3. _____

4. _____

Workbook

5 **Des définitions** Quel est le mot?

1. là où l'autobus s'arrête _____

2. celui qui conduit l'autobus _____

3. le dernier arrêt d'autobus _____

4. le voyage que fait l'autobus d'un terminus à l'autre _____

5. le contraire de descendre _____

6. une machine _____

7. entre l'avant et l'arrière _____

6 **Verbes et noms** Choisissez les mots qui correspondent.

1. _____ interdire   **a.** une validation

2. _____ descendre   **b.** une demande

3. _____ arrêter   **c.** un arrêt

4. _____ demander   **d.** une descente

5. _____ valider   **e.** une interdiction

6. _____ excuser   **f.** une distribution

7. _____ attendre   **g.** une attente

8. _____ distribuer   **h.** une excuse

7 **Dans l'autobus** Complétez.

1. _____ conduit l'autobus.

2. Il faut introduire son ticket dans _____ à l'avant de

   l'autobus pour _____ son ticket.

3. Il faut _____ sur un bouton pour demander un arrêt.

4. On peut descendre de l'autobus par _____ ou par

   _____.

5. Il est interdit de descendre par _____.

6. Il ne faut pas _____. Ce n'est pas poli.

Structure   Les questions

 Renseignez-vous, s'il vous plaît.   Écrivez quatre questions sur chaque thème en utilisant toutes les façons de poser une question que vous avez apprises (**est-ce que, l'inversion,** etc.).

1. À la station de métro

   a. _____

   b. _____

   c. _____

   d. _____

2. À la gare

   a. _____

   b. _____

   c. _____

   d. _____

3. À la poste

   a. _____

   b. _____

   c. _____

   d. _____

4. À l'aéroport

   a. _____

   b. _____

   c. _____

   d. _____

5. À l'hôtel

   a. _____

   b. _____

   c. _____

   d. _____

6. À la banque

   a. _____

   b. _____

   c. _____

   d. _____

7. Au magasin

   a. _____

   b. _____

   c. _____

   d. _____

8. Au marché

   a. _____

   b. _____

   c. _____

   d. _____

9. Dans une boutique de vêtements

   a. _____

   b. _____

   c. _____

   d. _____

10. Dans une agence de voyages

   a. _____

   b. _____

   c. _____

   d. _____

Venir de + infinitif

9 **À l'instant!** Répondez à chaque question d'après le modèle.

Il est parti?
Oui, il vient de partir.

1. Ils sont partis?

   _____

2. Vous avez tous fini?

   _____

3. Elle est descendue?

   _____

4. Ils sont montés?

   _____

5. Tu as commencé?

10 **Encore?** Répondez à chaque phrase d'après le modèle. Utilisez un pronom dans votre réponse.

Je vais acheter une moto.
Mais tu viens d'en acheter une!

1. On va acheter une voiture.

   _____

2. Elle va faire un voyage.

   _____

3. Nous allons aller au Louvre.

   _____

4. On va célébrer l'anniversaire de Julie.

   _____

Les expressions de temps

11 **C'est fini?** Déterminez si c'est fini ou pas. Choisissez la case correspondante.

	fini	pas fini

1. Il attend depuis une heure.
2. Elle est partie à une heure.
3. Je travaille toujours à l'université.
4. J'habite ici depuis trois ans.
5. Avant, j'habitais à New York.
6. J'ai habité à Nice pendant quatre ans.

12 **Mes cours** Donnez des réponses personnelles.

1. Depuis quand fais-tu des maths?

_____

2. Depuis quand fais-tu du français?

_____

3. Depuis quand fais-tu de l'histoire?

_____

4. Depuis quand fais-tu de l'anglais?

_____

5. Depuis quand vas-tu à la même école?

_____

6. Depuis quand joues-tu au foot (ou à un autre sport)?

_____

7. Depuis quand connais-tu ton meilleur ami ou ta meilleure amie?

_____

8. Depuis quand habites-tu là où tu habites maintenant?

_____

Un peu plus

A **Vivre en banlieue** Voici les résultats d'un sondage réalisé récemment en France.

Vivre en banlieue plutôt que dans le centre-ville, est-ce un avantage ou un inconvénient?	avantage	inconvénient	sans opinion
réponse des habitants du centre-ville	13%	68%	19%
réponse des banlieusards	56%	38%	6%
parisiens	86%	10%	4%
province	64%	29%	7%

Comment répondriez-vous à cette question?

_____

_____

_____

B **J'aime la banlieue.** Voici les résultats d'autres sondages réalisés récemment.

Quels sont les avantages de la vie en banlieue?	
le calme	58%
on peut avoir un jardin	48%
la proximité de la campagne	34%
il y a moins de pollution, l'air est meilleur	32%
on peut avoir un logement plus vaste	20%
le prix moins élevé des logements	18%
les gens se connaissent mieux	17%
la possibilité de faire plus de sport	10%
aucun avantage	6%
Quels sont les inconvénients de la vie en banlieue?	
temps et argent perdus en transport	44%
éloignement des commerces, des équipements et des services	32%
manque de distractions, de spectacles	28%
difficulté de trouver un travail sur place	27%
problèmes de violence et d'insécurité	15%
l'isolement, on reçoit rarement des visites	14%
les gens se connaissent moins	9%
la laideur, la tristesse	7%
aucun inconvénient	16%

C **Le pour et le contre** Répondez.

1. À votre avis, quels sont les avantages de la vie en banlieue?

   _____

   _____

   _____

2. Quels sont les inconvénients de la vie en banlieue?

   _____

   _____

   _____

3. Vous préférez vivre en ville ou en banlieue? Pourquoi?

   _____

   _____

   _____

D **Là où je vis.** Vous vivez en ville ou en banlieue? Décrivez l'endroit où vous vivez. Vous aimez y vivre? D'après vous, quels sont les avantages et les inconvénients?

_____

_____

_____

_____

_____

_____

Mon autobiographie

In your own words describe the public transportation system where you live. Is it good or not? What's your opinion?

Mon autobiographie

CHAPITRE 11

Nom _____ Date _____

À la ville et à la campagne

Vocabulaire [Mots 1]

1 **Qu'est-ce que c'est?** Identifiez.

1. _____

2. _____

3. _____

4. _____

5. _____

6. _____

7. _____

2 **Notre école** Donnez des réponses personnelles.

1. Quelle est la salle de classe à côté de votre classe de français?

   _____

2. Dans votre salle de classe, qui est assis à côté de la fenêtre?

   _____

3. Qui est assis devant vous?

   _____

4. Qui est assis derrière vous?

   _____

5. Qui est à votre gauche?

   _____

6. Qui est à votre droite?

   _____

7. Si vous quittez votre école et vous allez tout droit, où arrivez-vous?

   _____

8. Qu'est-ce qu'il y a en face de votre école?

   _____

9. Qu'est-ce qu'il y a derrière votre école?

   _____

10. Il y a combien d'églises dans votre ville ou village?

   _____

3 **Dans la rue** Complétez.

1. Les piétons marchent sur _____.

2. Les piétons traversent la rue dans _____.

3. Les voitures roulent quand _____.

4. Les voitures s'arrêtent quand _____.

5. On va dans le mauvais sens. Il faut _____.

6. Il n'y a pas beaucoup de monde. Les voitures _____ facilement dans le centre-ville.

7. _____ est l'ensemble de petites villes autour d'une grande ville.

Vocabulaire

4 **Des animaux** Identifiez.

1. _____

2. _____

3. _____

4. _____

5. _____

6. _____

5 **Une ferme** Identifiez.

1. _____ 2. _____

3. _____ 4. _____

5. _____

Structure Lequel et celui-là

6 **Lesquels?** Répondez d'après le modèle.

—J'aime beaucoup cette robe.
—Laquelle?
—Celle-là.

1. —J'aime beaucoup ces chaussures.

_____

_____

2. —J'aime beaucoup ce pantalon.

_____

_____

3. —J'aime beaucoup ces chemisiers.

_____

_____

4. —J'aime beaucoup cette chemise.

_____

_____

7 **On sort.** Complétez avec une forme de **celui qui/que** ou **celui de.**

1. On prend quelle voiture?

_____ Marc.

2. On suit quelle rue?

_____ est devant toi.

3. On va dans quel restaurant?

Dans _____ Jean nous a recommandé.

4. C'est dans quelle avenue?

Dans _____ mes parents.

5. On y va avec quels clients?

Avec _____ ont une usine au Japon.

Les verbes **suivre, conduire, vivre**

8 **Les cours** Donnez des réponses personnelles.

1. Tu suis combien de cours cette année?

_____

2. Tu as suivi combien de cours l'année dernière?

_____

3. Tu penses suivre combien de cours l'année prochaine?

_____

4. Tu suis les mêmes cours que ton ami(e)?

_____

5. Vous suivez toujours les mêmes cours?

_____

9 **Dans ta famille** Donnez des réponses personnelles.

1. Qui conduit dans ta famille?

_____

_____

2. Ils conduisent prudemment ou pas?

_____

_____

3. Et toi, tu conduis déjà ou tu vas bientôt apprendre à conduire?

_____

10 **On vit bien!** Complétez en utilisant le verbe **vivre**.

1. Je _____.

2. Il _____ à Miami en hiver.

3. Tu _____ bien ici.

4. Les agriculteurs _____ de la terre.

5. Vous avez _____ en France?

11 **Devinette** Essayez de répondre à la devinette suivante.

Lequel de ces animaux, qui vivent tous très vieux, peut vivre plus longtemps que le plus vieux des humains?

- **l'éléphant**

- **la tortue des Galápagos**

- **l'esturgeon**

_____

_____

12 **À vous!** Faites une devinette en utilisant des animaux et le verbe **vivre**.

_____

_____

_____

_____

_____

_____

L'infinitif après les prépositions

13 **À vous de décider** Donnez des réponses personnelles. Utilisez des verbes.

1. Je vais à l'école pour _____.

2. Je fais toujours mes devoirs avant de (d') _____.

3. Je ne pourrais pas les faire sans _____.

4. Je prends toujours mon petit déjeuner avant de (d') _____.

5. Je ne téléphone jamais à mes copains pour _____.

6. Je réfléchis toujours avant de (d') _____.

Workbook
Bon voyage! Level 2, Chapitre 11 ✦ **127**

Un peu plus

 Cocorico! Dans toutes les langues il y a des expressions animalières. En voici quelques-unes en français.

Il est têtu comme un âne.

Il est doux comme un agneau.

Il met la charrue avant les bœufs.

Quand le chat n'est pas là, les souris dansent.

Il appelle un chat un chat.

Il a une fièvre de cheval.

Il a pris le taureau par les cornes.

Il parle français comme une vache espagnole.

D'autres expressions:

Il est malade comme un chien.
Il mange comme un cochon.
C'est un drôle d'oiseau.

Il est fort comme un bœuf.
Il est fier comme un coq.
Il fait un temps de chien.

B **Malade comme... un chien? Mais non!** Regardez l'Activité A et trouvez l'équivalent français de ces expressions anglaises.

1. He's as sick as a dog.

_____

2. He's as proud as a peacock.

_____

3. When the cat's away, the mice will play.

_____

4. He calls a spade a spade.

_____

5. He's as strong as an ox.

_____

6. He's as gentle as a lamb.

_____

7. He took the bull by the horns.

_____

C **Qui est malin comme un singe?** Trouvez l'expression qui dit la même chose.

1. Il ne veut pas écouter ou faire ce qu'on lui dit de faire. Il dit toujours non.

_____

2. Il a une température très élevée.

_____

3. Il fait très mauvais temps.

_____

4. Il ne parle pas très bien le français.

_____

5. Il mange très mal. Il mange la bouche ouverte et il fait du bruit.

_____

Workbook

Bon voyage! Level 2, Chapitre 11 ✿ **129**

Mon autobiographie

Are you a city person or a country person? Give examples of why you are one or the other.

Mon autobiographie

Nom _____ Date _____

1 Complétez.

1. Vous vous êtes cassé le bras. Le médecin va vous mettre le bras dans le

   _____.

2. Vous vous êtes ouvert le genou. Il va vous faire des _____.

3. Vous avez une petite blessure au doigt. Il va vous mettre un

   _____.

4. Vous vous êtes foulé la cheville. Il va vous donner des

   _____.

5. Vous avez des allergies. Il va vous faire une _____.

2 Identifiez.

1. _____ 2. _____ 3. _____

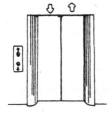

4. _____ 5. _____ 6. _____

7. _____ 8. _____

Workbook
Copyright © by The McGraw-Hill Companies, Inc.

Bon voyage! Level 2, Check-Up: Chapitres 8–11 ✦ **131**

3 Complétez les phrases d'après les dessins.

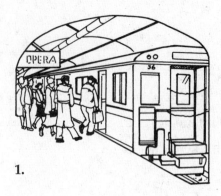

1.

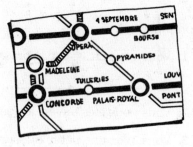

2.

3.

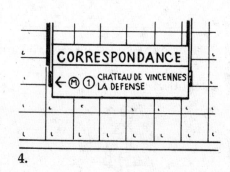

4.

1. Les filles sont dans une _____.

2. Elles regardent un _____.

3. Elles achètent un _____.

4. Elles doivent prendre la _____.

4 C'est quel animal domestique?

1. Avant l'invention de la voiture, les gens se servaient de cet animal pour

   voyager. _____

2. Il est rose et il est souvent sale. _____

3. On fait des pulls avec ce qu'il donne. _____

4. Elle donne du lait. _____

5. Il aime beaucoup les carottes. _____

6. Elle donne des œufs. _____

5 Complétez en utilisant **qu'est-ce que/qui** ou **ce que/qui**.

1. _____ il veut?

2. Je ne sais pas _____ il veut.

3. J'achète _____ m'intéresse.

4. Et moi, j'achète _____ j'aime.

5. _____ t'est arrivé?

6 Complétez en utilisant l'impératif et des pronoms. Suivez le modèle.

—**Je ne veux pas vendre ma moto.**
—**Oh si, vends-la-nous.**
—**Non, ne la leur vends pas.**

1. —Je ne veux pas te donner mon CD.

_____

_____

2. —Je ne veux pas vous payer votre repas.

_____

_____

3. —Je ne veux pas vous prêter ma voiture.

_____

_____

7 Complétez selon le modèle.

Eugénie / amusant / école
C'est Eugénie la plus amusante de l'école.

1. Jasmine / grand / classe

_____

2. Sébastien / sérieux / famille

_____

3. mes frères / élégant / fête

_____

4. rues / vieux / quartier

_____

Workbook
Copyright © by The McGraw-Hill Companies, Inc.

Bon voyage! Level 2, Check-Up: Chapitres 8–11 ✤ **133**

8 Faites l'accord du participe passé si nécessaire.

1. Nous sommes descendu_____, Amélie, Jérôme et moi.

2. Nous avons descendu_____ nos bagages nous-mêmes.

3. Nous sommes toutes rentré_____ parce qu'il pleuvait.

4. Nous avons rentré_____ nos chaises qui étaient sur la terrasse.

5. Nous sommes tous sorti_____ en même temps!

6. Nous avons tous sorti_____ nos passeports.

9 Complétez en utilisant **en**.

1. Il y a du pain?

Oui, il _____ a.

2. Je te donne de la salade?

Oui, _____, s'il te plaît.

3. Je vous passe du sel?

Oui, _____.

4. Je vous prête un pull?

Oui, _____.

10 Complétez avec l'adverbe qui correspond.

1. Cette élève est patiente. Elle écoute _____.

2. Cette voiture est rapide. Elle roule _____.

3. Cet automobiliste est prudent. Il conduit _____.

4. Ce fermier est sérieux. Il travaille _____.

11 Posez la même question de deux autres façons.

1. Vous vous levez tôt le matin?

_____

_____

2. Votre père vous réveille à quelle heure?

_____

_____

3. Vous irez à l'université l'année prochaine?

_____

_____

4. Vous aimeriez aller à quelle université?

_____

_____

12 Récrivez les phrases en utilisant **venir de.**

1. Nous avons fini.

_____

2. Il est sorti.

_____

3. J'ai mangé.

_____

4. Ils sont partis.

_____

5. Tu as commencé?

_____

6. Vous avez téléphoné?

_____

Workbook
Copyright © by The McGraw-Hill Companies, Inc.

Bon voyage! Level 2, Check-Up: Chapitres 8–11 ✦ **135**

13 Complétez les conversations avec une forme de **lequel** et la forme de **celui-là** qui correspond.

1. —Vous ne voulez pas acheter ce nouveau savon?

   _____

   _____

2. —J'ai choisi deux livres.

   _____

   _____

3. —Je vais étudier la carte.

   _____

   _____

4. —Comment tu trouves mes nouvelles chaussures?

   _____

   _____

14 Complétez en utilisant le verbe entre parenthèses.

1. Tu _____ cette voiture de trop près. (suivre)

2. Elle _____ très prudemment. (conduire)

3. Vous _____ depuis combien de temps? (conduire)

4. Vous _____ cette route pendant trois kilomètres. (suivre)

5. Il _____ tout ce que tu as dit. (suivre)

6. Vous êtes déjà là! Mais vous _____ à 200 à l'heure! (conduire)

7. «Ceux qui _____, ce sont ceux qui luttent (*fight*).» Victor Hugo. (vivre)

Les fêtes

Vocabulaire Mots 1

1 Des instruments Faites une liste de quatre instruments musicaux.

1. _____

2. _____

3. _____

4. _____

2 Des définitions Quel est le mot?

1. des personnes importantes ou célèbres _____

2. un orchestre militaire _____

3. ce qu'on tire le soir du 14 juillet _____

4. une marche de personnes, de voitures, etc. à la file ou en colonnes

_____

5. un morceau de tissu rectangulaire qui est l'emblème d'une nation

_____

6. le premier officier municipal _____

3 La France et l'Amérique Répondez.

1. Le drapeau français est bleu, blanc et rouge. Et le drapeau américain?

_____

2. La fête nationale française est le 14 juillet. Quelle est la date de la fête nationale américaine?

_____

3. L'hymne national français est «La Marseillaise». Quel est l'hymne national américain?

_____

4 **Des festivités** Complétez.

1. Les _____ marchent dans le défilé militaire.

2. Les soldats _____ au pas.

3. Le défilé passe devant les _____ d'où les

   _____ de la ville le regardent.

4. Les enfants veulent se mettre au premier _____ pour
   mieux voir.

5. La _____ joue l'hymne national.

5 **Le soir du quatorze juillet** Décrivez le dessin.

_____

_____

_____

_____

_____

_____

Vocabulaire **Mots 2**

6 **Qu'est-ce que c'est?** Identifiez.

1. _____ 2. _____ 3. _____

4. _____ 5. _____ 6. _____

7 **Des fêtes** Répondez.

1. Qu'est-ce qu'on dit à tout le monde le 25 décembre?

_____

2. Qu'est-ce qu'on dit à tout le monde le 31 décembre ou le premier janvier?

_____

3. Qui apporte les cadeaux de Noël aux enfants en France?

_____

4. Où les petits enfants mettent-ils leurs souliers?

_____

5. Qu'est-ce que Hanouka?

_____

6. Combien de jours la fête de Hanouka dure-t-elle?

_____

7. Qui allume les bougies de la menorah? Quand?

_____

Structure   Le subjonctif

8 **Il faut que...** Récrivez les phrases en commençant par **il faut que.**

1. Je parle français. _____

2. Je finis mes devoirs. _____

3. Je choisis ma place. _____

4. Je vends ma voiture. _____

5. J'attends mes amis. _____

6. Je lis sa lettre. _____

7. Je mets la table. _____

8. Je pars. _____

9. Je fais la vaisselle. _____

10. J'y vais. _____

11. Je suis à l'heure. _____

12. J'ai le temps. _____

9 **Il faut que...** Récrivez les phrases de l'Activité 8 en changeant **je** à **vous.**

1. _____

2. _____

3. _____

4. _____

5. _____

6. _____

7. _____

8. _____

9. _____

10. _____

11. _____

12. _____

10 **Il faut que je le fasse.** Écrivez cinq choses qu'il faut que vous fassiez.

1. _____
2. _____
3. _____
4. _____
5. _____

Le subjonctif après les expressions de souhait ou de volonté

11 **Je le veux.** Répondez selon le modèle.

Tu ne voyages jamais!
Je veux que tu voyages.

1. Tu ne sors jamais!

_____

2. Tu ne conduis jamais!

_____

3. Tu ne parles jamais!

_____

4. Tu ne lis jamais!

_____

5. Tu n'écris jamais!

_____

6. Tu n'attends jamais!

_____

7. Tu ne dors jamais!

_____

8. Tu ne joues jamais!

_____

12 **C'est préférable.** Répondez selon le modèle.

Vous voulez que j'enregistre le film?
Oui, je préfère que vous enregistriez le film.

1. Vous voulez que je fasse la vaisselle?

_____

2. Vous voulez que je mette la table?

_____

3. Vous voulez que j'aille faire les courses?

_____

4. Vous voulez que je débarrasse la table?

_____

5. Vous voulez que j'épluche les pommes de terre?

_____

6. Vous voulez que je fasse la cuisine?

_____

7. Vous voulez que j'ouvre les huîtres?

_____

13 **Souhaits** Donnez des réponses personnelles.

Votre cousine vient de se marier. Que souhaitez-vous pour elle et sa famille?
Commencez vos phrases par «Je souhaite qu'elle/ils...»

1. _____

_____

2. _____

_____

3. _____

_____

4. _____

_____

Un peu plus

 Les jours fériés Les jours fériés sont les jours où on ne travaille pas. Consultez le calendrier et faites l'activité qui suit.

jours fériés — 1er semestre

		jours fériés	Belgique	Canada	Allemagne	Espagne	France	Grande-Bretagne*	Italie	Japon*	Luxembourg*	Portugal	Suisse	États-Unis*
janvier														
samedi	1	Jour de l'An	●	●	●	●	●	●	●	●	●	●	●	●
jeudi	6	Epiphanie			○	●			●					
samedi	15	Fête des Adultes								●				
lundi	17	Anniv. de Martin Luther King												●
février														
vendredi	11	Fête de la Fondation de l'Etat								●				
mardi	22	Anniversaire de Washington												●
mars														
lundi	6	Lundi de Carnaval										●		
mardi	7	Mardi-Gras										●		
dimanche	19	St Joseph				●								
lundi	20	Equinoxe de Printemps								●				
avril														
jeudi	20	Jeudi Saint				○								
vendredi	21	Vendredi Saint	●	●	●		●					●	●	
dimanche	23	Autonomie de la Castille				○								
lundi	24	Lundi de Pâques	●	●	●	○	●	●	●		●		●	
mardi	25	Anniversaire de la Libération							●					
mardi	25	Jour de la Liberté										●		
samedi	29	Fête de la Nature								●				
mai														
lundi	1	Fête du Travail	●		●	●	●		●		●	●	○	
lundi	1	Jour Férié					●							
mercredi	3	Anniv. de la Constitution								●				
jeudi	4	Fête Nationale								●				
vendredi	5	Fête des Enfants								●				
lundi	8	Victoire 1945					●							
lundi	22	Jour de la Reine Victoria		●										
lundi	29	Jour du Souvenir												●
lundi	29	Fête Nationale					●							
juin														
jeudi	1	Ascension	●		●		●				●		●	
samedi	10	Jour du Portugal										●		
lundi	12	Lundi de Pentecôte	●		●	○	○				●		●	
jeudi	22	Fête Dieu			○						●		○	
vendredi	23	Fête Nationale									●			
samedi	24	Fête du Quebec		○										
jeudi	29	St Pierre - St Paul						○						

jours fériés — 2ème semestre

		jours fériés	Belgique	Canada	Allemagne	Espagne	France	Grande-Bretagne*	Italie	Japon*	Luxembourg*	Portugal	Suisse	États-Unis*
juillet														
samedi	1	Fête Nationale		●										
mardi	4	Indépendance												●
mardi	11	Fête de la Comm. Flamande	○											
vendredi	14	Fête Nationale					●							
jeudi	20	Jour de la Mer								●				
vendredi	21	Fête Nationale	●											
mardi	25	St Jacques				○								
août														
mardi	1	Fête Nationale											○	
mardi	15	Assomption	●			●	●		●		●	●	○	
lundi	28	Fête Nationale							●					
septembre														
lundi	4	Fête de la Ville de Luxembourg									○			
lundi	4	Fête du Travail		●										●
vendredi	15	Fête des Personnes Agées								●				
samedi	23	Equinoxe d'Automne								●				
mercredi	27	Fête de la Comm. Francophone	○											
octobre														
mardi	3	Unité Allemande			●									
jeudi	5	Implantation de la République										●		
lundi	9	Action de Grâce		●										
lundi	9	Découverte de l'Amérique				●								
mardi	10	Fête de la Santé et des Sports								●				
jeudi	12	Hispanidad				●								
novembre														
mercredi	1	Toussaint	●		○	●	●		●		●	●	○	
jeudi	2	Défunts										●		
vendredi	3	Fête de la Culture								●				
samedi	11	Armistice 1918	●	●			●							●
mercredi	15	Fête de la Dynastie	●											
jeudi	23	Fête du Travail								●				
jeudi	23	Jour de Remerciement												●
décembre														
vendredi	1	Restauration de l'Indépendance										●		
mercredi	6	Fête de la Constitution				●								
vendredi	8	Immaculée Conception				●			●				●	○
samedi	23	Anniversaire de l'Empereur								●				
lundi	25	Noël	●	●	●	●	●	●	●		●	●	●	●
mardi	26	Lendemain de Noël		●	●			●	●		●		●	

* Dans ces pays, si un jour férié tombe un dimanche, le lundi devient férié.

○ Jours fériés seulement dans certaines régions ou communautés.

Trouvez la date de la fête nationale de quatre pays indiqués sur le calendrier.

_____

_____

_____

_____

_____

B **Les fêtes en France** Lisez le texte suivant.

En France, on célèbre des fêtes patriotiques et religieuses, bien sûr, mais il y a aussi des fêtes locales en l'honneur de personnages ou de produits de la région. Par exemple, il y a la fête Jeanne d'Arc à Orléans, la fête du vin en Bourgogne, la fête du cidre en Normandie, celle de la choucroute en Alsace. D'autre part, dans toute la France, chaque ville ou village a sa fête, en général en été. Mais toutes les fêtes ne sont pas des jours fériés.

Le jour de l'an*	Le 1er janvier.
L'Épiphanie	Le premier dimanche après le 1er janvier. La fête des Rois. Cette fête commémore l'arrivée des Rois Mages à la crèche. On mange un gâteau appelé la galette des rois et on met dedans un petit objet en porcelaine. Celui ou celle qui le trouve devient roi ou reine d'un jour.
La Chandeleur	Le 2 février. On fait des crêpes. On les lance en l'air et on les rattrape d'une main. Dans l'autre main on a une pièce d'argent pour avoir de l'argent toute l'année.
La Saint-Valentin	Le 14 février. C'est la fête des amoureux.
Le Carnaval	En février-mars.
Pâques*	En avril. Toujours un dimanche. Le lundi de Pâques est un jour férié. En France, ce sont les cloches de Rome qui apportent aux enfants des œufs et animaux en sucre et en chocolat.
La fête du travail*	Le 1er mai. On offre du muguet à sa famille et ses amis.
La Victoire*	Le 8 mai commémore la fin de la deuxième guerre mondiale en 1945.
L'Ascension*	Le sixième jeudi après Pâques. Commémore l'ascension du Christ au ciel après sa résurrection.
La fête nationale*	Le 14 juillet. Commémore la prise de la Bastille en 1789, c'est-à-dire la Révolution française et la chute de la monarchie en France.
La Pentecôte*	Le septième dimanche après Pâques. Le lundi de Pentecôte est un jour férié.
L'Assomption*	Le 15 août. C'est la fête de la Vierge Marie.
La Toussaint*	Le 1er novembre. On va au cimetière pour fleurir les tombes des membres de la famille. En général, on met des chrysanthèmes.
L'Armistice*	Le 11 novembre. C'est l'anniversaire de l'armistice de la première guerre mondiale. On va fleurir les monuments aux morts.
Noël*	Le 25 décembre.
La Saint-Sylvestre*	Le 31 décembre. C'est le réveillon entre amis avant le Nouvel An. À minuit, on s'embrasse sous une branche de gui—ça porte bonheur!

———————
* jour férié

Nom _____ Date _____

 Quelles fêtes? Identifiez la fête représentée sur les dessins ci-dessous.

1. _____   2. _____

3. _____   4. _____

5. _____   6. _____

Mon autobiographie

We all have our favorite holidays. Which are yours? Describe them. Tell what you do and why you like these holidays. You may also include some family occasions you like.

Mon autobiographie

Nom _____ Date _____

Le savoir-vivre

Vocabulaire Mots 1

1 **Le corps** Identifiez.

5. 6.   7.
      8.
1.   9.

2.

3.

4.

1. _____ 6. _____

2. _____ 7. _____

3. _____ 8. _____

4. _____ 9. _____

5. _____

2 **À vous de décider.** Décidez si c'est mal élevé ou bien élevé.

	mal élevé	bien élevé
1. Il mange avec les doigts.		
2. Il met les coudes sur la table.		
3. Il s'essuie les doigts sur son pantalon.		
4. Il s'essuie les lèvres avec sa serviette.		
5. Il mange toujours la bouche fermée.		
6. Il ne parle jamais la bouche pleine.		
7. Il arrive toujours en retard quand il a rendez-vous.		
8. Il se lève quand une personne âgée s'approche.		
9. Il resquille toujours.		
10. Il tutoie les gens qu'il ne connaît pas.		

Vocabulaire Mots 2

3 **Comment est-il?** Décrivez-le d'après les dessins.

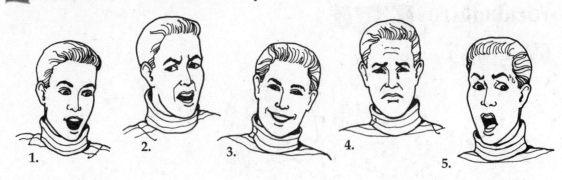

1. _____

2. _____

3. _____

4. _____

5. _____

4 **Des présentations** Écrivez le dialogue.

Structure   Le subjonctif après les expressions impersonnelles

5 **Les amis** Complétez.

1. Il est important que de bons amis _____ souvent ensemble. (être)

2. Il est nécessaire qu'ils _____ souvent. (s'écrire)

3. Il est indispensable qu'ils _____ la vérité. (se dire)

4. Il vaut mieux qu'ils ne _____ pas ensemble. (travailler)

5. Il est bon qu'ils _____ en vacances ensemble. (partir)

6 **Un(e) ami(e)** Citez cinq choses qu'un(e) ami(e) doit être ou faire.

1. Il est important qu'il/elle _____.

2. Il est nécessaire qu'il/elle _____.

3. Il est indispensable qu'il/elle _____.

4. Il vaut mieux qu'il/elle _____.

5. Il est bon qu'il/elle _____.

7 **Le Père Noël** Complétez.

1. Est-il possible que le Père Noël _____ toutes les lettres qu'il reçoit? (lire)

2. Il est impossible que le Père Noël _____ tout son travail en vingt-quatre heures. (finir)

3. Il n'est pas juste qu'il _____ tout le travail seul. (faire)

4. Il faut que quelqu'un _____ là pour l'aider. (être)

5. Il est nécessaire que le Père Noël _____ beaucoup de patience. (avoir)

6. Il faut qu'il _____ vite d'une maison à l'autre. (aller)

7. Il est rare qu'il _____ de travailler. (s'arrêter)

8 **Tout de suite!** Écrivez trois choses qu'il vaut mieux que vous fassiez tout de suite.

1. _____

2. _____

3. _____

9 **Il est temps.** Écrivez cinq choses qu'il est temps que vous et vos copains fassiez.

1. _____

2. _____

3. _____

4. _____

5. _____

D'autres verbes au présent du subjonctif

10 **C'est bien.** Récrivez les phrases en remplaçant **vous** par **il**.

1. Il est bon que vous vouliez faire sa connaissance.

_____

2. Il est bon que vous le sachiez.

_____

3. Il est bon que vous puissiez lui rendre visite.

_____

4. Il est bon que vous buviez beaucoup d'eau.

_____

11 **Plus poliment** Refaites les phrases plus poliment en commençant par «J'aimerais que...»

1. Venez avec nous.

_____

2. Achète des fleurs.

_____

3. Prends ton médicament.

_____

4. Appelez les autres.

_____

Le subjonctif après les expressions d'émotion

12 **Je suis content(e).** Complétez et ensuite écrivez une phrase de plus.

1. Je suis content(e) que mon ami(e) _____.

2. Je suis content(e) que _____.

3. _____

_____

13 **Ils ont peur.** Complétez et ensuite écrivez une phrase de plus.

1. Mes parents ont peur que je _____.

2. Mes parents ont peur que _____.

3. _____

_____

14 **Je suis désolé(e).** Complétez et ensuite écrivez une phrase de plus.

1. Je suis désolé(e) que tu _____.

2. Je suis désolé(e) que _____.

3. _____

_____

15 **Je suis surpris(e).** Complétez et ensuite écrivez une phrase de plus.

1. Je suis surpris(e) que mes copains _____.

2. Je suis surpris(e) que _____.

3. _____

_____

16 **Les manières** Complétez.

1. Je regrette qu'il _____ de mauvaises manières. (avoir)

2. J'ai peur qu'il ne _____ pas ce qu'il doit faire. (savoir)

3. Je suis content(e) qu'il ne _____ pas à notre fête. (venir)

4. Franchement, je suis étonné(e) qu'il ne _____ pas venir.
(pouvoir)

Un peu plus

 Règles de politesse Voici quelques règles à observer quand vous êtes en France.

À TABLE

- Attendez que la maîtresse de maison s'asseye *(sits down)* avant de vous asseoir. Attendez également qu'elle commence à manger avant de manger.
- Mettez les deux mains sur la table, pas sur les genoux. Ne mettez pas les coudes sur la table.
- Ne vous servez pas abondamment; les plats repasseront. Ne choisissez pas les meilleurs morceaux.
- Ne passez pas devant quelqu'un pour prendre le sel. Demandez-lui de vous le passer.
- Buvez votre soupe par le bout de la cuillère, pas par le côté.
- Ne saucez pas votre assiette avec du pain.
- Quand vous avez fini, laissez vos couverts côte à côte sur votre assiette, pas en croix.

DANS UN MAGASIN

- Dites toujours bonjour à la personne qui vous sert. Quand vous sortez du magasin, dites au revoir.

EN PUBLIC

- Ne parlez pas trop fort. Il ne faut pas que les autres autour de vous entendent ce que vous dites.
- Ne mettez pas les pieds sur les tables ou les sièges.

Quelques tuyaux *(tips)*

- Si vous achetez des fleurs à votre hôtesse, n'apportez pas de chrysanthèmes: ce sont les fleurs qu'on met sur les tombes des parents le 1er novembre.
- Le geste pour dire «Okay! Great!» aux États-Unis (un cercle avec le pouce et l'index) veut dire pratiquement le contraire en France. Il veut dire «zéro», donc «nul».
- Attention! À table, quand on vous offre quelque chose, il faut dire «S'il vous plaît» si vous en voulez et «Merci» si vous n'en voulez pas. Nombreux sont les Américains qui ont dit «Merci» quand ils voulaient se resservir d'un plat délicieux et qui ont vu ce plat… leur passer sous le nez.

B **En commun** Quelles sont les règles communes aux Français et aux Américains?

_____

_____

_____

C **Et vous?** Quels tuyaux donneriez-vous à des Français qui vont aux États-Unis?

_____

_____

_____

D **Le portable** Lisez le texte suivant tiré du livre de Gérard Mermet *Francoscopie 2003.*

L'utilisation du téléphone portable peut être parfois assimilée aux «incivilités» qui rendent la vie en société difficile. C'est pourquoi il a été baptisé «insu-portable» par ceux qui l'acceptent mal dans les lieux publics: restaurants, cafés, gares, aéroports, trains, avions, musées, cinémas, salles de spectacle...

Si la télévision a favorisé le voyeurisme chez les téléspectateurs, le mobile a engendré l'«écoutisme» (souvent involontaire) chez ceux qui entendent parler les autres.

De même, l'utilisation du portable en voiture est aussi fréquente que dangereuse. Quatre utilisateurs sur dix avouent téléphoner parfois en conduisant. Cette pratique, interdite par le Code de la route, multiplierait par six le risque d'accident.

Mais le portable est aussi un instrument au service de la sécurité. Il permet en cas de problème de demander de l'aide, de rassurer les autres ou de se rassurer en appelant ou en étant appelé.

E **Avez-vous compris?** Faites une liste en anglais des problèmes et des avantages des portables.

_____

_____

_____

_____

_____

F **Code Politesse Portable** Écrivez trois règles de politesse pour les propriétaires d'un portable.

1. _____

_____

2. _____

_____

3. _____

_____

Mon autobiographie

Write about something that either happened to you or that you did and that you consider to be an example of bad manners. What was the outcome or the consequence?

Now, write about the reverse—something that you consider to be an example of good manners.

Mon autobiographie

CHAPITRE 14

Nom _____ Date _____

Les professions et les métiers

Vocabulaire   Mots 1

1 Un petit dictionnaire Quel est le mot?

1. celui qui répare les lampes _____

2. celle qui danse _____

3. celui qui vend des marchandises _____

4. celle qui aide les personnes qui ont besoin d'une aide matérielle, médicale ou morale _____

5. celui qui dirige une entreprise _____

6. celle qui tient les livres de comptes _____

7. celui qui défend son client devant un juge au tribunal

   _____

8. celle qui dessine des maisons _____

9. celui qui condamne un criminel _____

10. celle qui crée des logiciels _____

2 Homme et femme Choisissez la forme féminine.

1. _____ un directeur   **a.** une secrétaire

2. _____ un secrétaire   **b.** une comptable

3. _____ un technicien   **c.** une commerçante

4. _____ un acteur   **d.** une journaliste

5. _____ un comédien   **e.** une comédienne

6. _____ un assistant   **f.** une avocate

7. _____ un commerçant   **g.** une technicienne

8. _____ un cadre   **h.** une cinéaste

9. _____ un comptable   **i.** une femme cadre

10. _____ un avocat   **j.** une actrice

11. _____ un cinéaste   **k.** une assistante

12. _____ un journaliste   **l.** une directrice

3 Lieu de travail ou profession? Choisissez.

	lieu de travail	profession
1. un bureau		
2. un hôpital		
3. un médecin		
4. une avocate		
5. un tribunal		
6. une mairie		
7. un maire		
8. une usine		
9. une boutique		
10. une secrétaire		
11. un magasin		
12. un théâtre		
13. un acteur		
14. une commerçante		

Vocabulaire Mots 2

4 Un entretien
Mademoiselle Chandelier pose sa candidature à un emploi chez Isère et Frères. Voici les réponses aux questions qu'elle va poser à l'employée du service du personnel qui va lui faire passer un entretien. Écrivez les questions qui correspondent.

1. MLLE CHANDELIER: _____

   L'EMPLOYÉE: Vous gagneriez 1 000€ par mois.

2. MLLE CHANDELIER: _____

   L'EMPLOYÉE: Vous commenceriez à 9 heures du matin.

3. MLLE CHANDELIER: _____

   L'EMPLOYÉE: Vous liriez le courrier, vous répondriez aux lettres, vous
   répondriez au téléphone et vous parleriez aux clients.

4. MLLE CHANDELIER: _____

   L'EMPLOYÉE: Vous travailleriez avec une autre secrétaire, les comptables
   et les informaticiens.

5 **Un candidat** Racontez ce qui se passe pendant l'entretien illustré ci-dessous.

_____

_____

_____

_____

_____

_____

_____

6 **Le travail** Exprimez d'une autre façon.

1. Il peut commencer à travailler tout de suite.

_____

2. Il travaille trente-cinq heures par semaine.

_____

3. Il ne veut travailler que vingt heures par semaine.

_____

4. Il n'a pas de travail.

_____

5. Il ne travaille pour personne. Il a sa propre société.

_____

Structure   Le subjonctif après les expressions de doute

7 **Pas sûr(e)** Vous n'êtes pas très sûr(e) de trois choses. Écrivez-les.

1. Je ne suis pas sûr(e) que _____

_____

2. _____

3. _____

8 **Peut-être** Maintenant écrivez trois choses que vous croyez.

1. Je crois que _____

_____

2. _____

3. _____

9 **Impossible** Récrivez les phrases de l'Activité 8 en remplaçant **Je crois que...** par **Je ne crois pas que...**

1. _____

_____

2. _____

3. _____

10 **Qui sait!** Récrivez les phrases au négatif.

1. Il est sûr que Jonathan viendra ce soir.

_____

2. Je crois que Maurice ira au bureau.

_____

3. Je crois que Jonathan l'attendra.

_____

4. Je crois qu'ils prendront l'autoroute.

_____

5. Il est certain qu'ils partiront à dix heures.

_____

11 **Ça m'étonnerait!** Récrivez les phrases en commençant par **Ça m'étonnerait que…**

1. Nous pouvons prendre la voiture.

   _____

2. Nous finirons les préparatifs avant de partir.

   _____

3. Il connaît bien la route.

   _____

4. Nous arriverons à Monaco avant minuit.

   _____

5. Nous trouverons un bon hôtel à Monaco.

   _____

6. Il ne fera pas beau à Monaco.

   _____

L'infinitif ou le subjonctif

12 **J'aimerais…** Écrivez cinq choses que vous aimeriez faire.

1. J'aimerais _____

2. _____

3. _____

4. _____

5. _____

13 **J'aimerais que…** Écrivez cinq choses que vous aimeriez que quelqu'un d'autre fasse.

1. J'aimerais que _____

2. _____

3. _____

4. _____

5. _____

Le subjonctif dans les propositions relatives

14 **Existe ou n'existe pas encore?** Complétez.

1. Il cherche quelqu'un qui _____

_____ .

2. Il connaît quelqu'un qui _____

_____ .

3. Elle a besoin de quelqu'un qui _____

_____ .

4. Elle a trouvé quelqu'un qui _____

_____ .

5. La société veut une personne qui _____

_____ .

6. Ils ont fait passer un entretien à une personne qui _____

_____ .

7. Je voudrais acheter un livre qui _____

_____ .

8. Je lis un livre qui _____

_____ .

9. Je veux voir un film qui _____

_____ .

10. J'ai vu un film qui _____

_____ .

11. J'aimerais rencontrer quelqu'un qui _____

_____ .

12. J'ai rendez-vous dans un café qui _____

_____ .

Un peu plus

 Des jobs Cet article, publié par un magazine pour adolescents, s'adresse aux jeunes qui veulent travailler pendant les vacances d'été. Lisez les descriptions et faites les activités qui suivent. Le Smic est le salaire minimum (Salaire minimum interprofessionnel de croissance).

Le commerce

Vous pouvez trouver un job chez un commerçant de votre quartier ou de votre lieu de vacances. Gondolier, caissier, manutentionnaire ou vendeur, le commerce recrute pendant les mois d'été. Armez-vous de patience et le sourire aux lèvres (c'est toujours gagnant!), faites la tournée des magasins (prêt-à-porter, librairies, fleuristes, épiceries, boulangeries…) Pensez aussi aux grands magasins, super et hypermarchés. Le salaire équivaut au Smic.

1. Faites une liste des lieux de travail mentionnés dans le paragraphe que vous venez de lire.

   _____

   _____

   _____

   _____

   _____

   _____

2. Quand les commerçants cherchent-ils des employés?

   _____

Le baby-sitting

C'est le job de dernière minute le plus facile à décrocher. Nombreuses sont les mères qui paniquent à l'approche des vacances. Si vous tombez au bon moment, elles vous emmèneront passer l'été au bord de la mer. Il faut aimer les enfants, savoir être ferme, responsable. Vous emmènerez les enfants à la plage, les ferez goûter. Vous travaillerez environ trente heures par semaine, et vous serez nourrie et logée. Les offres et demandes s'affichent généralement chez les commerçants du quartier. À vous de déposer des affichettes comportant vos références, coordonnées et aptitudes.

Faites part de vos recherches à vos proches, il se peut que des amis de vos parents soient à la recherche d'un(e) baby-sitter. Vous pouvez aussi contacter des agences.

3. Donnez l'équivalent français.

   a. the easiest job to find _____

   b. if you're there at the right time _____

   c. notify _____

   d. it's up to you to post notices _____

4. Où les offres et demandes pour le baby-sitting s'affichent-elles?

_____

La Restauration

Prenez votre courage à deux mains et poussez la porte des restaurants, pizzerias et fast-foods. Les fast-foods engagent beaucoup de gens pendant l'été pour une durée d'un, deux ou trois mois, au Smic, sur une base de six heures par jour. C'est un boulot assez fatigant qui demande de bonnes jambes et une bonne dose de courage. Rapidité, adresse, amabilité, patience et une bonne mémoire sont indispensables.

5. On travaille à peu près combien d'heures par jour dans un restaurant fast-food?

_____

6. Quelles sont des caractéristiques ou des attributs indispensables pour travailler dans un restaurant?

_____

7. Quel est un autre mot qui veut dire «travail»?

_____

 Une énigme Cachez *(Hide)* la solution ci-dessous et essayez de résoudre l'énigme suivante.

Dumont, Dupont et Dubois travaillent dans la même société. L'un est secrétaire, l'autre est comptable et le troisième est informaticien, mais pas forcément dans cet ordre.
—Le secrétaire qui est célibataire (qui n'est pas marié) est le plus petit de tous.
—Dumont, qui est le gendre de Dupont (le mari de sa fille), est plus grand que le comptable.

Solution: —Dumont et Dupont sont mariés, donc, le secrétaire, c'est Dubois.

   —Si Dumont est plus grand que le comptable, il n'est pas comptable, il est informaticien.

   —Il ne reste que Dupont qui est forcément comptable.

C **Personnellement** Regardez le C.V. à la page 459 de votre livre, puis écrivez votre C.V. en français.

_____
_____
_____
_____

FORMATION

_____ _____
_____
_____
_____

LANGUES

_____ _____
_____ _____

EXPÉRIENCE PROFESSIONNELLE

_____ _____
_____
_____ _____
_____

LOISIRS

_____
_____
_____
_____

Mon autobiographie

Tell whether or not you want to go to college. If you do want to go, what kind of college do you want to go to? What do you think you would like to study? Is there any particular career that at this moment seems to interest you? Tell what kind of job you think you would like. What does the future hold in store for you?

Mon autobiographie

Nom _____ Date _____

1 Récrivez les phrases suivantes en remplaçant les mots en italique par des mots plus appropriés.

1. On met des drapeaux français dans les rues *à Noël.*

   _____

2. *Le Jour de l'An* s'appelle aussi la fête des Lumières.

   _____

3. Les enfants mettent leurs souliers devant la cheminée *à Hanouka.*

   _____

4. On achète des confettis et des serpentins pour *le 14 juillet.*

   _____

5. On célèbre *le Jour de l'An* en été.

   _____

2 Décrivez leurs émotions d'après les dessins.

1. _____

2. _____

3. _____

4. _____

5. _____

Workbook
Copyright © by The McGraw-Hill Companies, Inc.

Bon voyage! Level 2, Check-Up: Chapitres 12–14 ❖ **165**

3 Aurélien est bien élevé. Marc est mal élevé. Décrivez ce qu'ils font d'après les dessins.

1. _____

_____

2. _____

_____

3. _____

_____

4. _____

_____

5. _____

_____

6. _____

_____

 4 Trouvez les phrases qui correspondent.

1. _____ Il travaille chez lui.

2. _____ Il travaille 35 heures par semaine.

3. _____ Il ne peut pas trouver de travail.

4. _____ Elle cherche du travail.

5. _____ Elle pose sa candidature.

a. Il travaille à plein temps.

b. Elle va au bureau de placement.

c. Il est à son compte.

d. Il est au chômage.

e. Elle est candidate à un poste.

5 Récrivez les phrases en utilisant **il faut que** ou **il ne faut pas que.**

1. Je dois attendre.

_____

2. Il doit sortir.

_____

3. Ils doivent partir.

_____

4. Nous devons finir.

_____

5. Tu dois être patient.

_____

6. Vous devez le faire.

_____

7. Vous devez avoir le temps.

_____

8. Je dois aller chez le dentiste.

_____

9. Nous aussi, nous devons aller chez le dentiste.

_____

10. Je dois le faire vite!

_____

11. Vous devez être à l'heure!

_____

12. Tu ne dois pas avoir peur.

_____

Workbook
Copyright © by The McGraw-Hill Companies, Inc.

Bon voyage! Level 2, Check-Up: Chapitres 12–14 ⚜ **167**

6 Récrivez les phrases en utilisant les expressions entre parenthèses.

1. Ils seront heureux. (Je souhaite que)

_____

_____

2. Elle ira loin! (J'aimerais que)

_____

_____

3. Ils resteront avec nous. (Je veux que)

_____

_____

4. Ils partiront demain. (J'aime mieux que)

_____

_____

5. Tu leur écriras. (Je préférerais que)

_____

_____

7 Complétez.

1. La fête aura lieu en juin?

Oui, il est possible que _____

2. Tout le monde sera invité?

Oui, il est important que _____

3. Tout ira bien?

Il vaut mieux que _____

4. Il fera mauvais?

Oh, il est rare qu' _____

5. On s'amusera bien?

Ça oui! Il est temps qu' _____

8 Complétez le tableau.

	Il faut que...	**Il faut que...**
venir	je	vous
prendre	tu	nous
boire	je	vous
recevoir	elle	nous
appeler	tu	vous
acheter	j'	nous
préférer	tu	vous

9 Complétez.

1. Il faut que tu le _____. (savoir)

2. Il faut que tu _____ y aller. (pouvoir)

3. Il faut que tu le _____. (vouloir)

10 Récrivez les phrases en utilisant les expressions entre parenthèses.

1. Il ne vient pas. (Je suis désolée que)

_____

_____

2. Nous partons. (Il est triste que)

_____

_____

3. Elle ne veut pas aller à la fête. (Je regrette que)

_____

_____

4. Vous ne savez pas nager. (Je suis étonné que)

_____

_____

5. Ils ne sont pas encore là. (Je suis furieux que)

_____

_____

Workbook

Bon voyage! Level 2, Check-Up: Chapitres 12–14 ✣ **169**

11 Répondez que non.

1. Vous croyez qu'il y a un bon film à la télé ce soir?

_____

2. Tu crois qu'on peut aller au cinéma?

_____

3. Tu crois que le cinéma est encore loin?

_____

4. Tu crois que ce bus y va?

_____

5. Tu crois que Laurent sait y aller?

_____

12 Complétez en utilisant le subjonctif ou l'indicatif.

1. Mes amis cherchent un hôtel qui _____ confortable. (être)

2. Nous avons de bons hôtels qui _____ un grand confort moderne. (avoir)

3. Tu as besoin de quelqu'un qui _____ bien la ville. (connaître)

4. Prends quelqu'un qui _____ conduire. (pouvoir)

5. Je connais une personne qui _____ vous aider. (pouvoir)

13 Complétez la petite annonce.

GROSSE SOCIÉTÉ CHERCHE QUELQU'UN QUI...

_____ taper à la machine. (pouvoir)

_____ parler plusieurs langues. (savoir)

_____ travailler à plein temps. (vouloir)

Audio Activities

Chansons de France et de Nouvelle-France

En passant par la Lorraine

1   En passant par la Lorraine,
Avec mes sabots[1]   *(bis)*
Rencontrai trois capitaines,
Avec mes sabots dondaine*,
Oh, oh, oh! avec mes sabots!

2   Rencontrai trois capitaines
Avec mes sabots,   *(bis)*
Ils m'ont appelée vilaine,
Avec mes sabots dondaine,
Oh, oh, oh! avec mes sabots!

3   Ils m'ont appelée vilaine,
Avec mes sabots,   *(bis)*
Je ne suis pas si vilaine,
Avec mes sabots dondaine,
Oh, oh, oh! avec mes sabots!

4   Je ne suis pas si vilaine,
Avec mes sabots,   *(bis)*
Puisque le fils du roi m'aime,
Avec mes sabots dondaine
Oh, oh, oh! avec mes sabots!

---

[1] sabots *clogs*

***dondaine** from **dondon** is an onomatopoeia which suggests the thumping sound of the clogs. It also rhymes with **Lorraine, capitaines,** and **vilaine.**

Les Compagnons de la Marjolaine

1   Qui est-ce qui passe ici si tard,
     Compagnons de la Marjolaine?
     Qui est-ce qui passe ici si tard,
     Gai, gai, dessus le quai?

2   C'est le chevalier du guet,
     Compagnons de la Marjolaine.
     C'est le chevalier du guet,
     Gai, gai, dessus le quai.

3   Que demande le chevalier,
     Compagnons de la Marjolaine?
     Que demande le chevalier,
     Gai, gai, dessus le quai?

4   Une fille à marier,
     Compagnons de la Marjolaine.
     Une fille à marier,
     Gai, gai, dessus le quai.

               (Et ainsi de suite.)

5   Qu'est-ce que vous me donnerez [...]

6   De l'or[1], des bijoux[2] assez [...]

7   Je n'suis pas intéressée [...]

8   Mon cœur je vous donnerai [...]

---

[1] De l'or *gold*
[2] des bijoux *jewels*

Audio Activities

La Belle Françoise

1   C'est la belle Françoise, lon, gai,
      C'est la belle Françoise,
      Qui veut s'y marier, ma luron, lurette,
      Qui veut s'y marier, ma luron, luré.

2   Son ami va la voir, lon, gai,
      Son ami va la voir,
      Bien tard après le souper, ma luron, lurette,
      Bien tard après le souper, ma luron, luré.

3   Il la trouva seulette, lon, gai,
      Il la trouva seulette,
      Sur son lit qui pleurait, ma luron, lurette,
      Sur son lit qui pleurait, ma luron, luré.

4   —Ah! Qu'a'vous donc, la belle, lon, gai,
      Ah! Qu'a'vous donc, la belle,
      Qu'a'vous à tant pleurer? Ma luron, lurette,
      Qu'a'vous à tant pleurer? Ma luron, luré.

5   —On m'a dit, hier au soir, lon, gai,
      On m'a dit, hier au soir,
      Qu'à la guerre vous alliez, ma luron, lurette,
      Qu'à la guerre vous alliez, ma luron, luré.

6   —Ceux qui vous l'ont dit, belle, lon, gai,
      Ceux qui vous l'ont dit, belle,
      Ont dit la vérité, ma luron, lurette,
      Ont dit la vérité, ma luron, luré.

Audio Activities

Bon voyage! Level 2, Chansons de France et de Nouvelle-France ❖ **vii**

V'là l'bon vent

Refrain
V'là l'bon vent, v'là le joli vent,
V'là l'bon vent, ma mie m'appelle,
V'là l'bon vent, v'là le joli vent,
V'là l'bon vent, ma mie m'attend.

1   Derrière chez nous y a un étang[1]   *(bis)*
    Trois beaux canards s'en vont
      baignant.

2   Le fils du roi[2] s'en va chassant   *(bis)*
    Avec son beau fusil[3] d'argent.

3   Visa[4] le noir, tua[5] le blanc,   *(bis)*
    —Ô fils du roi, tu es méchant.

4   D'avoir tué mon canard blanc!   *(bis)*
    Par-dessous l'aile il perd son sang.

5   Par les yeux lui sort des diamants,   *(bis)*
    Et par le bec l'or et l'argent.

6   Toutes ses plumes s'en vont au vent,   *(bis)*
    Trois dames s'en vont les ramassant[6].

7   C'est pour en faire un lit de camp   *(bis)*
    Pour y coucher tous les passants.

---

[1] étang *pond*
[2] roi *king*
[3] fusil *rifle*
[4] Visa *aimed at*
[5] tua *killed*
[6] les ramassant *gathering them up*

Je veux m'marier

1   Je veux m'marier,
Je veux m'marier,
Je veux m'marier,
Mais la belle veut pas.

2   Ô la belle veut,
Ô la belle veut,
Ô la belle veut,
Mais les vieux veulent pas.

3   Ô les vieux veulent,
Ô les vieux veulent,
Ô les vieux veulent,
Mais j'ai pas d'argent.

4   J'ai pas d'argent,
J'ai pas d'argent,
J'ai pas d'argent,
Et les poules pondent pas!

J'ai 'té au bal

1   J'ai 'té au bal hier au soir. Ah, là là!
J'ai 'té au bal hier au soir. Ah, là là!
J'ai 'té au bal, mais dis pas à pape.
Il voudrait pas et dirait «Non, non!» Ah, là là!

2   Je vais m'marier. Ô Maman. Ah, là là!
Je vais m'marier. Ô Maman. Ah, là là!
Je vais m'marier, mais dis pas à pape.
Il voudrait pas et dirait «Non, non!» Ah, là là!

3   Je suis mariée, Ô Maman. Ah, là là!
Je suis mariée, Ô Maman. Ah, là là!
Je suis mariée. Tu peux dire à pape.
Il peut rien faire et je m'en fiche bien[1]! Là là là!

---

[1] je m'en fiche bien *I don't care!*

Audio Activities

Bon voyage! Level 2, Chansons de France et de Nouvelle-France ⚜ ix

Savez-vous planter les choux?

1   Savez-vous planter les choux,
À la mode, à la mode,
Savez-vous planter les choux,
À la mode de chez nous?

2   On les plante avec le doigt,
À la mode, à la mode,
On les plante avec le doigt,
À la mode de chez nous.

3   On les plante avec le pied,
À la mode, à la mode,
On les plante avec le pied,
À la mode de chez nous.

4   On les plante avec le genou,
À la mode, à la mode,
On les plante avec le genou,
À la mode de chez nous.

(Et ainsi de suite.)

5   On les plante avec le coude […]

6   On les plante avec le nez […]

7   On les plante avec la tête […]

Dans la forêt lointaine

Dans la forêt lointaine
On entend le coucou.
Du haut de son grand chêne[1]
Il répond au hibou[2]
Coucou, hibou
Coucou, hibou
Coucou, hibou
Coucou…
On entend le coucou.

---

[1] chêne *oak tree*
[2] hibou *owl*

Audio Activities

Les éléphants vont à la foire

Les éléphants vont à la foire.
Mais que vont-ils y voir?
Le gai babouin,
Qui dans l'air du matin,
Peigne ses cheveux de lin[1].

Le singe[2] tomba du banc,
Sur la trompe de l'éléphant.
L'éléphant fit atchoum
Et se mit à genoux.
Mais qu'advint-il du[3] singe
Du singe…
Du singe…
Du singe…

---

[1] lin *flax*
[2] singe *monkey*
[3] qu'advint-il du *what became of*

La Carmagnole

1 Madame Veto avait promis: *(bis)*
   De faire égorger tout Paris[1].   *(bis)*
   Mais son coup a manqué,
   Grâce à nos canonniers.

   Refrain
   Dansons la Carmagnole,
   Vive le son, vive le son,
   Dansons la Carmagnole,
   Vive le son du canon!

2 Monsieur Veto avait promis: *(bis)*
   D'être fidèle à son pays.   *(bis)*
   Mais il y a manqué,
   Ne faisons plus de quartier[2].

   (Refrain)

3 Amis, restons toujours unis: *(bis)*
   Ne craignons pas nos ennemis.   *(bis)*
   S'ils viennent nous attaquer,
   Nous les ferons sauter[3].

   (Refrain)

---

[1] faire égorger tout Paris *have everyone in Paris killed*
[2] Ne faisons plus de quartier. *Let's have no mercy.*
[3] les ferons sauter *blow them up*

Il est né le divin enfant

Refrain
Il est né le divin enfant,
Jouez hautbois, résonnez musettes,
Il est né le divin enfant,
Chantons tous son avènement[1].

1   Depuis plus de quatre mille ans,
Nous le promettaient les prophètes,
Depuis plus de quatre mille ans,
Nous attendions cet heureux temps.

(Refrain)

2   Ah! Qu'il est beau, qu'il est charmant!
Ah! Que ses grâces sont parfaites!
Ah! Qu'il est beau, qu'il est charmant!
Qu'il est doux ce divin enfant!

(Refrain)

---

[1] avènement *coming*

Chant des adieux

1   Faut-il nous quitter sans espoir,
Sans espoir de retour,
Faut-il nous quitter sans espoir,
De nous revoir un jour?

Refrain
Ce n'est qu'un au revoir, mes frères,
Ce n'est qu'un au revoir,
Oui, nous nous reverrons, mes frères,
Ce n'est qu'un au revoir!

2   Formons de nos mains qui s'enlacent,
Au déclin de ce jour,
Formons de nos mains qui s'enlacent,
Une chaîne d'amour.

(Refrain)

3   Unis par cette douce chaîne,
Tous, en ce même lieu.
Unis par cette douce chaîne,
Ne faisons point d'adieu.

(Refrain)

4   Car Dieu qui nous voit tous ensemble,
Et qui va nous bénir,
Car Dieu qui nous voit tous ensemble,
Saura nous réunir.

(Refrain)

Les loisirs culturels

Première partie

Vocabulaire Mots 1

Activité 1 **Listen and repeat.**

Activité 2 **Listen and choose.**

	1.	2.	3.	4.	5.	6.	7.	8.
un film de science-fiction								
un documentaire								
un film d'amour								
un film policier								
une comédie								
un film d'aventures								
une comédie musicale								
un opéra								

Vocabulaire Mots 2

Activité 3 **Listen and repeat.**

Activité 4 **Listen and choose.**

	1.	2.	3.	4.	5.	6.	7.	8.	9.	10.	11.	12.
au musée												
au cinéma												

Structure

Activité 5 **Listen and choose.**

	1.	2.	3.	4.	5.	6.	7.	8.
connaître								
savoir								

Activité 6 Listen and answer.

Activité 7 Listen and choose.

	1.	2.	3.	4.	5.	6.	7.	8.
un garçon								
une fille								
un garçon et une fille								

Activité 8 Listen and answer.

Activité 9 Listen and answer.

Activité 10 Listen and answer.

Activité 11 Listen and answer.

Conversation On va au cinéma?

Activité A Listen.

Activité B Listen and choose.

	1.	2.	3.	4.	5.	6.
vrai						
faux						

Prononciation Le son /ü/

Activité A Listen and repeat.

Lecture culturelle Les loisirs culturels en France

Activité A Read and listen.

1. Au musée d'Orsay, il y a de vieux trains.
2. Le centre Pompidou est un musée d'art moderne.
3. Les musées sont combles le dimanche.
4. L'architecture de l'opéra Bastille est moderne.
5. On joue des opéras à la Comédie-Française.
6. La Comédie-Française est le plus vieux théâtre national du monde.

Activité B Read and choose.

1. Au musée d'Orsay, il y a de vieux trains.
2. Le centre Pompidou est un musée d'art moderne.
3. Les musées sont combles le dimanche.
4. L'architecture de l'opéra Bastille est moderne.
5. On joue des opéras à la Comédie-Française.
6. La Comédie-Française est le plus vieux théâtre national du monde.

	1.	2.	3.	4.	5.	6.
vrai						
faux						

Deuxième partie

Activité A Listen and choose.

	1.	2.	3.	4.	5.	6.	7.
à l'opéra							
à un concert de rock							
au cinéma							
à une exposition							
au zoo							
au théâtre							
à une discothèque							

Activité B Listen and fill in.

La Chartreuse de Parme	L M M J V S D	12h	14h	16h	18h	20h	22h
Le Rouge et le Noir	L M M J V S D	12h	14h	16h	18h	20h	22h
Les Orgueilleux	L M M J V S D	12h	14h	16h	18h	20h	22h
Pot Bouille	L M M J V S D	12h	14h	16h	18h	20h	22h

La santé et la médecine

Vocabulaire Mots 1

Activité 1 **Listen and repeat.**

Activité 2 **Listen, read, and repeat.**

allergique	un sirop
bactérien, bactérienne	de l'aspirine
viral(e)	une infection
une allergie	de la pénicilline
un antibiotique	la température

Activité 3 **Listen and choose.**

_____   _____

_____   _____

Activité 4 **Listen and choose.**

____ ____   ____ ____   ____ ____

Activité 5 **Listen and repeat.**

Vocabulaire   Mots 2

Activité 6 **Listen and repeat.**

Activité 7 **Listen and choose.**

1. a b c	6. a b c
2. a b c	7. a b c
3. a b c	8. a b c
4. a b c	9. a b c
5. a b c	10. a b c

Structure

Activité 8 **Listen and answer.**

Activité 9 **Listen and answer.**

Activité 10 **Listen and choose.**

	1.	2.	3.	4.	5.	6.
à un enfant						
à un adulte						

Activité 11 **Listen and answer.**

Activité 12 **Listen and answer.**

Conversation Chez le médecin

Activité A Listen.

Activité B Listen and choose.

	1.	2.	3.	4.	5.	6.
vrai						
faux						

Prononciation Les sons /u/ et /ü/

Activité A Listen and repeat.

Lecture culturelle Une consultation

Activité A Read and listen.

1. Les médecins de S.O.S. Médecins ne travaillent pas le week-end.
2. Les médecins de S.O.S. Médecins font des visites à domicile.
3. Quand on prend des antibiotiques, il faut en prendre trois par jour.
4. Mélanie ne paie pas le médecin de S.O.S.
5. En France, la Sécurité Sociale paie les médecins.
6. La Sécurité Sociale rembourse les honoraires des médecins.

Activité B Read and choose.

1. Les médecins de S.O.S. Médecins ne travaillent pas le week-end.
2. Les médecins de S.O.S. Médecins font des visites à domicile.
3. Quand on prend des antibiotiques, il faut en prendre trois par jour.
4. Mélanie ne paie pas le médecin de S.O.S.
5. En France, la Sécurité Sociale paie les médecins.
6. La Sécurité Sociale rembourse les honoraires des médecins.

	1.	2.	3.	4.	5.	6.
vrai						
faux						

Deuxième partie

Activité A Listen and choose.

	quantité	moment de la journée	nombre de jours
antibiotique			
suppositoires			
vitamine C			

CHAPITRE 3

Nom _____ Date _____

Les télécommunications

Vocabulaire **Mots 1**

Activité 1 **Listen and repeat.**

Activité 2 **Listen and answer.**

1.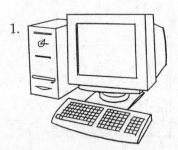

2.

3.

4.

5.

6.

Activité 3 **Listen and answer.**

Vocabulaire **Mots 2**

Activité 4 **Listen and repeat.**

Activité 5 Listen and choose.

1.

2.

3.
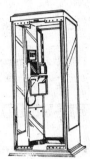

4.

5.

6.

Activité 6 Listen and choose.

1. a b c

2. a b c

3. a b c

4. a b c

5. a b c

6. a b c

7. a b c

Structure

Activité 7 Listen and choose.

	1.	2.	3.	4.	5.	6.	7.	8.
maintenant								
avant								

Activité 8 Listen.

Activité 9 Listen and repeat.

Activité 10 Listen and react.

Conversation Des devoirs difficiles

Activité A Listen.

Activité B Listen and choose.

	1.	2.	3.	4.	5.	6.
vrai						
faux						

Lecture culturelle Le téléphone d'hier et d'aujourd'hui

Activité A Read and listen.

1. Jean Charpentier est un petit garçon.
2. Quand il était petit, il aimait téléphoner.
3. Il pouvait téléphoner tout seul.
4. Pour téléphoner, on utilisait une télécarte.
5. Maintenant tous les téléphones sont à cadran.
6. Jean Charpentier téléphone toujours à sa grand-mère.

Activité B Read and choose.

1. Jean Charpentier est un petit garçon.
2. Quand il était petit, il aimait téléphoner.
3. Il pouvait téléphoner tout seul.
4. Pour téléphoner, on utilisait une télécarte.
5. Maintenant tous les téléphones sont à cadran.
6. Jean Charpentier téléphone toujours à sa grand-mère.

	1.	2.	3.	4.	5.	6.
vrai						
faux						

Deuxième partie

Activité A Listen and choose.

attendre ————

vérifier le numéro ————

refaire le numéro ————

laisser un message ————

raccrocher ————

Activité B Listen and write.

Destiné à M _____

Le: |_____| à |__|__|__|__| h

M _____

☐ a téléphoné   ☐ est passé

☐ demande que vous le/la rappeliez

au N° _____

☐ vous rappellera

☐ a laissé le message suivant:

_____

_____

_____

_____

_____

Message reçu par: _____

CHAPITRE 4

Nom _____ Date _____

Des voyages intéressants

Vocabulaire   Mots 1

Activité 1 **Listen and repeat.**

Activité 2 **Listen and choose.**

	1.	2.	3.	4.	5.	6.	7.	8.
vrai								
faux								

Vocabulaire Mots 2

Activité 3 Listen and repeat.

Activité 4 Listen and choose.

1.

2.

3.

4.

5.

6.

Activité 5 Listen and choose.

Structure

Activité 6 Listen and answer.

Modèle

1.

2.

3.

4.

5.

6.

Activité 7   Listen and answer.

Modèle

Activité 8   Listen and choose.

Activité 9   Listen and choose.

	1.	2.	3.	4.	5.	6.
une personne						
deux personnes						

Activité 10   Listen and answer.

Activité 11   Listen and answer.

Activité 12   Listen and answer.

Modèles

| Italie | Paris | 1. Espagne |

| 2. Rome | 3. Nice | 4. France |

| 5. Tokyo | 6. Japon | 7. Maroc |

| 8. Mexique | 9. New York | 10. États-Unis |

Conversation   À l'aéroport

Activité A   Listen.

Activité B   Listen and choose.

	1.	2.	3.	4.	5.	6.
vrai						
faux						

Lecture culturelle   Les trains d'hier et d'aujourd'hui

Activité A   Read and listen.

1. Ashley et ses amis se sont bien amusés.
2. On n'a pas besoin de réserver sa place dans le TGV.
3. Le groupe a voyagé en première classe.
4. Quand la prof de français était étudiante en France, elle prenait souvent le train.
5. Elle aimait parler avec les autres voyageurs et partager leur nourriture.
6. Il y a encore beaucoup de trains à compartiments.

Activité B Read and choose.

1. Ashley et ses amis se sont bien amusés.
2. On n'a pas besoin de réserver sa place dans le TGV.
3. Le groupe a voyagé en première classe.
4. Quand la prof de français était étudiante en France, elle prenait souvent le train.
5. Elle aimait parler avec les autres voyageurs et partager leur nourriture.
6. Il y a encore beaucoup de trains à compartiments.

	1.	2.	3.	4.	5.	6.
vrai						
faux						

Deuxième partie

Activité A Listen and choose.

	1.	2.	3.	4.	5.	6.
dans le train						
à l'agence de voyages						

Activité B Listen and circle.

PARIS ▸ BORDEAUX ▸ TARBES

N° du TGV	2076	1040	A36	9317	L122	M847	2220	165B	111D	7004	0327	6813
Paris-Montparnasse 1–2	6.55	7.05	8.10	8.15	10.00	10.45	11.55	12.45	13.55	14.00	15.25	15.55
Massy TGV	7.05											
Saint-Pierre-des-Corps	7.56				11.41				14.51		16.21	
Châtellerault	8.26								15.21			
Poitiers	8.43			9.44		12.22	13.21	14.13	15.38		17.01	
Angoulême	9.29			10.29		13.06	14.06	14.59	16.26		17.48	
Librourne				11.09		13.48					18.28	
Bordeaux	10.25	9.59	11.06	11.29	12.57	14.08	15.04	15.55	17.22	16.58	18.48	18.53
Dax	11.35		12.17		a		17.06			18.08		20.02
Orthez	•				a							20.33
Pau	12.21		13.08		a					18.59		20.43
Lourdes	12.47		13.34		a					19.25		20.56
Tarbes	13.05		13.52		a					19.42		21.16

(Vertical label at left of table: HORAIRES)

CHAPITRE 5

Nom _____ Date _____

La banque et la poste

Première partie

Vocabulaire Mots 1

Activité 1 **Listen and repeat.**

Activité 2 **Listen and choose.**

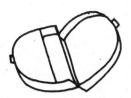

_____   _____   _____

_____   _____   _____

Activité 3 **Listen and choose.**

	1.	2.	3.	4.	5.	6.	7.	8.
à la banque								
au bureau de change								

Vocabulaire

Activité 4 Listen and repeat.

Activité 5 Listen and choose.

Activité 6 Listen and answer.

Structure

Activité 7 Listen and choose.

1. La fille parle. _____   Ma sœur parle. _____

2. Vous avez écrit la lettre. _____   Vous lisez la lettre. _____

3. La table est trop petite. _____   L'enveloppe est trop petite. _____

4. La carte postale est très jolie. _____   Marie est très jolie. _____

5. J'ai envoyé des photos. _____   Tu as envoyé des photos. _____

6. Je viens du Portugal. _____   Le paquet vient du Portugal. _____

Activité 8 Listen and choose.

	1.	2.	3.	4.	5.	6.
une lettre						
un paquet						
l'un ou l'autre						

Activité 9 Listen and answer.

Conversation Au bureau de change

Activité A Listen.

Activité B Listen and choose.

	1.	2.	3.	4.	5.	6.
vrai						
faux						

Lecture culturelle La semaine des jeunes Français

Activité A Read and listen.

1. Le mot «la semaine» peut signifier de l'argent.
2. Tous les jeunes Français reçoivent la même somme comme argent de poche.
3. Mélanie n'aime pas la musique.
4. Elle prend quelquefois un pot avec ses copains.
5. Mélanie a un compte d'épargne.
6. Elle jette l'argent par les fenêtres.

Activité B Read and choose.

1. Le mot «la semaine» peut signifier de l'argent.
2. Tous les jeunes Français reçoivent la même somme comme argent de poche.
3. Mélanie n'aime pas la musique.
4. Elle prend quelquefois un pot avec ses copains.
5. Mélanie a un compte d'épargne.
6. Elle jette l'argent par les fenêtres.

	1.	2.	3.	4.	5.	6.
vrai						
faux						

Deuxième partie

Activité A Listen and choose.

1. Composez…

    a. le numéro de compte   b. le numéro d'agence   c. le code personnel

2. Composez…

    a. le numéro de compte   b. le numéro d'agence   c. le code personnel

3. Composez…

    a. le numéro de compte   b. le numéro d'agence   c. le code personnel

4. Le solde créditeur est de…

    a. 145 euros   b. 175 euros   c. 195 euros

5. Pour réécouter…

    a. tapez 8   b. tapez zéro   c. tapez étoile

6. Pour être mis en relation avec un conseiller…

    a. tapez zéro   b. tapez 8   c. tapez 6

7. Pour terminer cet appel…

    a. tapez zéro   b. tapez étoile (*)   c. tapez dièse (#)

Activité B Listen and choose.

TÉLÉGRAMMES

_____

PAQUETS

_____

VENTE DE TIMBRES

_____

CHÈQUES POSTAUX

_____

Nom _____ Date _____

La gastronomie

Vocabulaire Mots 1

Activité 1 **Listen and repeat.**

Activité 2 **Listen and choose.**

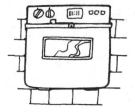 

Activité 3 **Listen and choose.**

	1.	2.	3.	4.	5.	6.	7.	8.
un fruit								
un légume								
un condiment								

Vocabulaire Mots 2

Activité 4 **Listen and repeat.**

Activité 5 Listen and choose.

_____ _____ _____ _____

_____ _____ _____ _____

Activité 6 Listen and choose.

	1.	2.	3.	4.	5.	6.	7.	8.	9.	10.
oui										
non										

Structure

Activité 7 Listen and choose.

	1.	2.	3.	4.	5.	6.	7.	8.
quand j'étais petit								
quand j'aurai le temps								

Activité 8 Listen and respond.

Activité 9 Listen and answer.

Activité 10 Listen and answer.

Activité 11 Listen and answer.

Conversation La cuisine et moi, ça fait deux!

Activité A Listen.

Activité B Listen and choose.

	1.	2.	3.	4.	5.	6.
vrai						
faux						

Lecture culturelle Un voyage gastronomique

Activité A Read and listen.

1. Charles Smith aime bien manger.
2. L'Alsace est en Allemagne.
3. En Provence, on fait la cuisine au beurre.
4. En Bourgogne, on fait du vin.
5. En Bretagne, on mange beaucoup de fruits de mer.
6. Une escalope à la normande est une tranche de poisson.

Activité B Read and choose.

1. Charles Smith aime bien manger.
2. L'Alsace est en Allemagne.
3. En Provence, on fait la cuisine au beurre.
4. En Bourgogne, on fait du vin.
5. En Bretagne, on mange beaucoup de fruits de mer.
6. Une escalope à la normande est une tranche de poisson.

	1.	2.	3.	4.	5.	6.
vrai						
faux						

Deuxième partie

Activité A Listen.

Activité B Listen and write.

NOM DU CAFÉ	
SPÉCIALITÉS	
ADRESSE	
MÉTRO	
TÉLÉPHONE	
PRIX	

Nom _____ Date _____

La voiture et la route

Première partie

Vocabulaire   **Mots 1**

Activité 1   Listen and repeat.

Activité 2   Listen and choose.

un vélomoteur   _____

un break   _____

une moto   _____

une voiture de sport   _____

une décapotable   _____

un camion   _____

Activité 3   Listen and choose.

1. a b   5. a b
2. a b   6. a b
3. a b   7. a b
4. a b   8. a b

Vocabulaire   **Mots 2**

Activité 4   Listen and repeat.

Activité 5   Listen and choose.

	1.	2.	3.	4.	5.	6.	7.	8.	9.	10.	11.	12.
vrai												
faux												

Activité 6   Listen and choose.

	1.	2.	3.	4.	5.	6.	7.	8.
conduit bien								
conduit mal								

Structure

Activité 7 Listen and choose.

	1.	2.	3.	4.	5.	6.	7.	8.	9.	10.
futur										
conditionnel										

Activité 8 Listen and choose.

	1.	2.	3.	4.	5.	6.	7.	8.	9.	10.
aller										
avoir										
devoir										
envoyer										
pouvoir										
recevoir										
savoir										
venir										
voir										
vouloir										

Activité 9 Listen and draw.

le plan

la carte routière

les clés

Modèle
_____

Conversation À la station-service

Activité A Listen

Activité B Listen and choose.

	1.	2.	3.	4.	5.	6.
vrai						
faux						

Lecture culturelle La conduite en France

Activité A Read and listen.

1. Très peu de familles françaises ont des voitures.
2. Il n'y a presque jamais de bouchons sur les autoroutes en France.
3. Il y a beaucoup de voitures américaines en France.
4. La plupart des autoroutes ont deux ou trois voies dans chaque sens.
5. Les autoroutes en France sont gratuites: il n'y a pas de péages.

Activité B Read and choose.

1. Très peu de familles françaises ont des voitures.
2. Il n'y a presque jamais de bouchons sur les autoroutes en France.
3. Il y a beaucoup de voitures américaines en France.
4. La plupart des autoroutes ont deux ou trois voies dans chaque sens.
5. Les autoroutes en France sont gratuites: il n'y a pas de péages.

	1.	2.	3.	4.	5.
vrai					
faux					

Deuxième partie

Activité A Listen and choose.

_____ _____ _____ _____

_____ _____ _____ _____

Activité B Listen and draw.

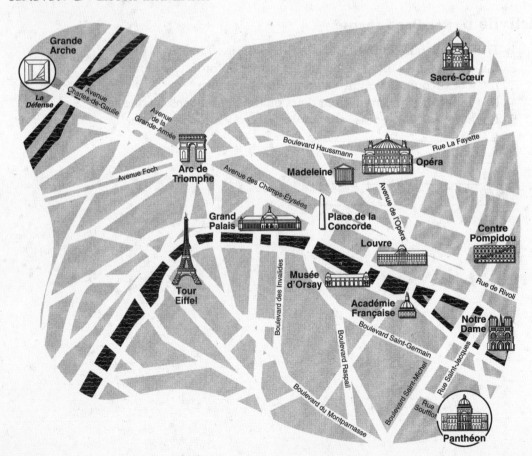

Audio Activities

Un accident et l'hôpital

Première partie

Vocabulaire Mots 1

Activité 1 **Listen.**

Activité 2 **Listen and answer.**

1.
2.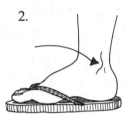
3.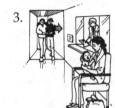
4.

5.
6.
7.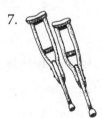

8.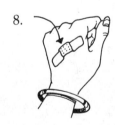
9.
10.

Activité 3 Listen and choose.

	1.	2.	3.	4.	5.
Elle s'est cassé le bras.					
Elle s'est cassé les deux jambes.					
Elle s'est coupé le doigt.					
Elle s'est foulé la cheville.					
Elle s'est tordu le doigt de pied.					

Vocabulaire Mots 2

Activité 4 Listen and repeat.

Activité 5 Listen and choose.

1. a b c   6. a b c
2. a b c   7. a b c
3. a b c   8. a b c
4. a b c   9. a b c
5. a b c

Activité 6 Listen and choose.

On va lui mettre un plâtre.   _____

On va lui faire une radio.   _____

On va lui faire un pansement.   _____

On va lui donner un fauteuil roulant.   _____

On va lui donner des béquilles.   _____

On va lui faire une piqûre.   _____

Structure

Activité 7 Listen and respond.

Activité 8 Listen and answer.

Activité 9 Listen and choose.

	1.	2.	3.	4.	5.	6.
connaît bien						
connaît peu						

Activité 10 Listen and respond.

Activité 11 Listen and answer.

Activité 12 Listen and answer.

Conversation Au service des urgences

Activité A Listen.

Activité B Listen and choose.

	1.	2.	3.	4.	5.	6.
vrai						
faux						

Lecture culturelle À l'Hôtel-Dieu, à toute vitesse!

Activité A Read and listen.

1. L'accident qu'a eu Hugo n'était pas grave.
2. Hugo n'a pas vu un trou dans le trottoir.
3. Le copain de Hugo a appelé le médecin.
4. Hugo s'est cassé la jambe.
5. Hugo a dû rester plusieurs jours à l'hôpital.
6. En France les frais médicaux sont remboursés en grande partie.

Activité B Read and choose.

1. L'accident qu'a eu Hugo n'était pas grave.
2. Hugo n'a pas vu un trou dans le trottoir.
3. Le copain de Hugo a appelé le médecin.
4. Hugo s'est cassé la jambe.
5. Hugo a dû rester plusieurs jours à l'hôpital.
6. En France les frais médicaux sont remboursés en grande partie.

	1.	2.	3.	4.	5.	6.
vrai						
faux						

Deuxième partie

Activité A Listen and choose.

	1.	2.	3.	4.	5.	6.
dans la salle d'opération						
au service des urgences						
au service de radiologie						
dans une chambre d'hôpital						

Activité B Listen and choose.

1. _____   2. _____

3. _____

CHAPITRE 9

L'hôtel

Vocabulaire Mots 1

Activité 1 **Listen and repeat.**

Activité 2 **Listen and choose.**

1. a b c
2. a b c
3. a b c
4. a b c
5. a b c
6. a b c
7. a b c

Activité 3 **Listen and choose.**

_____ _____ _____

_____ _____ _____

Vocabulaire Mots 2

Activité 4 **Listen and repeat.**

Activité 5   Listen and choose.

_____   _____   _____   _____

 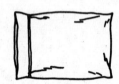 

_____   _____   _____

Activité 6   Listen and choose.

	1.	2.	3.	4.	5.	6.	7.	8.	9.	10.
dans la chambre										
dans la salle de bains										
dans le placard										
à la caisse										

Structure

Activité 7   Listen and answer.

Activité 8   Listen.

Activité 9   Listen and repeat.

Activité 10   Listen and react.

Activité 11   Listen and answer.

Activité 12   Listen and answer.

Conversation   À la réception de l'hôtel

Activité A Listen.

Activité B Listen and choose.

	1.	2.	3.	4.	5.	6.
vrai						
faux						

Lecture culturelle   L'Hôtel de la Gare

Activité A Read and listen.

1. À leur arrivée, les copines sont allées au syndicat d'initiative.
2. Elles veulent aller dans un hôtel de luxe.
3. Elles ont fait une promenade le long de la promenade des Anglais.
4. Elles sont allées dans la vieille ville.
5. Elles ont commandé une pizza.
6. À Nice, il y a deux musées, le musée Matisse et le musée Chagall.

Activité B Read and choose.

1. À leur arrivée, les copines sont allées au syndicat d'initiative.
2. Elles veulent aller dans un hôtel de luxe.
3. Elles ont fait une promenade le long de la promenade des Anglais.
4. Elles sont allées dans la vieille ville.
5. Elles ont commandé une pizza.
6. À Nice, il y a deux musées intéressants.

	1.	2.	3.	4.	5.	6.
vrai						
faux						

Deuxième partie

Activité A Listen and choose.

NOM	CHAMBRE	MESSAGE
Mme Leblanc	_____	Rendez-vous à _____ heures sous la _____ de Danton, _____ Odéon. Georges
Jean Gillier	_____	M. Léon va _____.
Pierre Marie	_____	Rendez-vous annulé cet _____-_____. Corinne
Mlle Brion	_____	Votre _____ est prête. Vous _____ passer quand vous _____.
Serge Morin	_____	J'ai _____ le _____ de tes rêves aux Puces de Clignancourt. _____-moi. Catherine
M. et Mme Frankel	_____	_____ encore pour le _____ déjeuner. À _____. Merci. Jeanne

Activité B Listen and match.

MARC

ALAIN ET MARTINE

MARCEL DE BOULOGNE

M. SIÉGEL

BLANCHE MARTIN

Relais-Château l'Hermitage

Restaurant gastronomique
Panorama exceptionnel avec vue sur le lac
Piscine chauffée—sauna
Golf 18 trous
Dans toutes les chambres:
salle de bains avec baignoire
meubles anciens
télévision—câbles
téléphone—Minitel

Auberge du Bonheur
26 chambres romantiques au cœur
d'une forêt de sapins
Calme et discrétion
L'hôtel sert le petit déjeuner
Région pittoresque et animée

Gîte rural

2 appartements confortables dans
région agricole
Idéal pour week-ends et petites vacances
Près d'un centre touristique avec piscine
(aqualand), bowling, Mini-Golf, centre
commercial

Auberge de Jeunesse
112 lits dans 45 chambres
Possibilité de séjour = 3 jours maximum
18 ans minimum
27 ans maximum
Cuisine commune

Hébergement pour groupes
(écoles, collèges, colonies de vacances,
classes de nature, classes de neige,
classes de découverte)
4 dortoirs de 12 lits
8 chambres de 4 et 4 chambres
individuelles
2 salles à manger - salle de télévision -
salle d'études
Maximum 100 participants
Restauration familiale
Près des pistes
Au cœur d'une région de montagnes
(Été - Hiver)

Les transports en commun

Première partie

Vocabulaire Mots 1

Activité 1 **Listen and repeat.**

Activité 2 **Listen and answer.**

1.

2.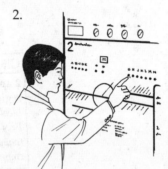

3.

4.

5.

Activité 3 **Listen and choose.**

là où deux lignes se croisent _____

le sens dans lequel le métro va _____

changer de ligne _____

beaucoup de monde dans le métro _____

là où on achète les tickets _____

Vocabulaire Mots 2

Activité 4 Listen and repeat.

Activité 5 Listen and answer.

1.

2.

3.

4.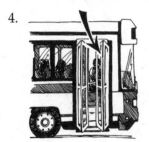

5.

6.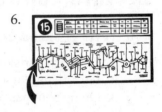

Activité 6 Listen and choose.

	1.	2.	3.	4.	5.	6.	7.	8.
vrai								
faux								

Structure

Activité 7 Listen and choose.

	1.	2.	3.	4.	5.	6.
statement						
question						
order						

Activité 8 **Listen and respond.**

Activité 9 **Listen and answer.**

Conversation Le métro

Activité A **Listen.**

Activité B **Listen and choose.**

	1.	2.	3.	4.	5.	6.
vrai						
faux						

Lecture culturelle Les transports en commun à Paris

Activité A Read and listen.

1. Le métro parisien existe depuis plus de cent ans.
2. Il y a deux classes dans le métro.
3. On ne peut pas acheter un seul ticket.
4. Les tickets de métro sont valables dans les autobus.
5. La carte orange est valable pour une semaine ou un mois.
6. Aux heures de pointe, il n'y a pas beaucoup de monde.

Activité B Read and choose.

1. Le métro parisien existe depuis plus de cent ans.
2. Il y a deux classes dans le métro.
3. On ne peut pas acheter un seul ticket.
4. Les tickets de métro sont valables dans les autobus.
5. La carte orange est valable pour une semaine ou un mois.
6. Aux heures de pointe, il n'y a pas beaucoup de monde.

	1.	2.	3.	4.	5.	6.
vrai						
faux						

Audio Activities

Deuxième partie

Activité A Listen and choose.

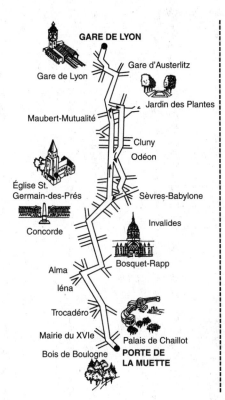

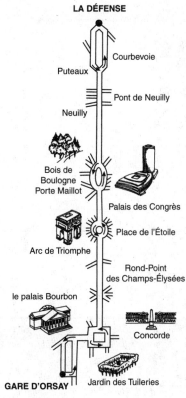

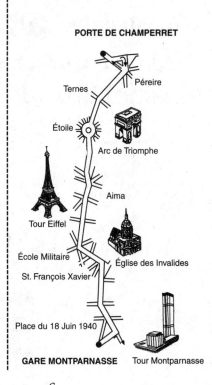

a. _____ _____

b. _____ _____

c. _____ _____

Activité B Listen.

Activité C Listen and choose.

Part 1   Part 2

1. a b   1. a b

2. a b   2. a b

3. a b   3. a b

À la ville et à la campagne

Première partie

Vocabulaire   Mots 1

Activité 1   Listen and repeat.

Activité 2   Listen and choose.

	1.	2.	3.	4.	5.	6.	7.	8.
un piéton								
un automobiliste								
les deux								

Activité 3   Listen and choose.

Vocabulaire

Activité 4 Listen and repeat.

Activité 5 Listen and choose.

	1.	2.	3.	4.	5.	6.	7.	8.	9.	10.
un bâtiment										
un animal										

Activité 6 Listen and answer.

1.
2.
3.
4.

5.
6.
7.
8.

Structure

Activité 7 Listen and choose.

	1.	2.	3.	4.	5.	6.	7.	8.
un(e)								
plusieurs								

Activité 8 Listen and answer.

Activité 9 Listen and answer.

Conversation La ville ou la campagne

Activité A Listen.

Activité B Listen and choose.

	1.	2.	3.	4.	5.
vrai					
faux					

Lecture culturelle Une famille d'agriculteurs

Activité A Read and listen.

1. La ferme des Fauvet est dans le nord de la France.
2. Les Fauvet cultivent leur terre quand il fait jour.
3. Les Fauvet habitent dans une grange.
4. Les enfants Fauvet veulent devenir fermiers.
5. Il y a de moins en moins d'agriculteurs.
6. Il y a encore des paysans qui adorent la campagne.

Activité B Read and choose.

1. La ferme des Fauvet est dans le nord de la France.
2. Les Fauvet cultivent leur terre quand il fait jour.
3. Les Fauvet habitent dans une grange.
4. Les enfants Fauvet veulent devenir fermiers.
5. Il y a de moins en moins d'agriculteurs.
6. Il y a encore des paysans qui adorent la campagne.

	1.	2.	3.	4.	5.	6.
vrai						
faux						

Deuxième partie

Activité A Listen and choose.

un mouton _____

une vache _____

un chien _____

une poule _____

un cheval _____

un cochon _____

un chat _____

Activité B Listen and follow.

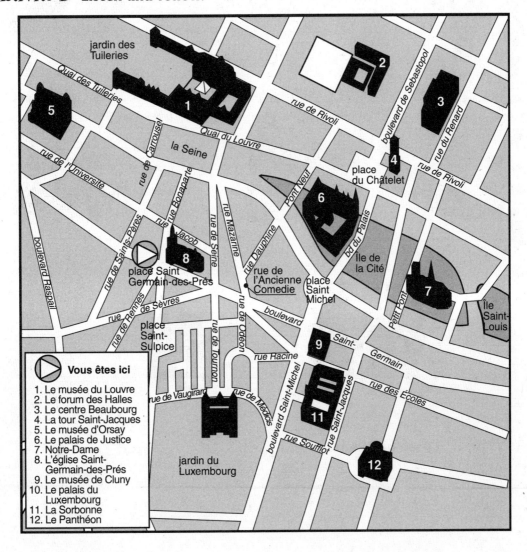

Vous êtes ici

1. Le musée du Louvre
2. Le forum des Halles
3. Le centre Beaubourg
4. La tour Saint-Jacques
5. Le musée d'Orsay
6. Le palais de Justice
7. Notre-Dame
8. L'église Saint-Germain-des-Prés
9. Le musée de Cluny
10. Le palais du Luxembourg
11. La Sorbonne
12. Le Panthéon

CHAPITRE 12

Nom _____ Date _____

Les fêtes

Première partie

Vocabulaire   Mots 1

Activité 1   Listen and repeat.

Activité 2   Listen and choose.

1.

2.

3.

4.

5.

6.

7.

8.

Activité 3   Listen and choose.

1. a b c   5. a b c

2. a b c   6. a b c

3. a b c   7. a b c

4. a b c   8. a b c

Audio Activities

Vocabulaire Mots 2

Activité 4 Listen and repeat.

Activité 5 Listen and choose.

1.

2.

3.

4.

Joyeux Noël

5.

6.

Activité 6 Listen and answer.

	1.	2.	3.	4.	5.	6.	7.	8.	9.	10.
le 14 juillet										
le jour de l'An										
Noël										
Hanouka										
le carnaval										

Structure

Activité 7   Listen and choose.

	1.	2.	3.	4.	5.	6.	7.	8.
un fait								
pas un fait								

Activité 8   Listen and choose.

	1.	2.	3.	4.	5.	6.	7.	8.
avoir								
aller								
être								
faire								

Activité 9   Listen and respond.

Activité 10   Listen and respond.

Conversation   C'est bientôt le 14 juillet.

Activité A   Listen.

Activité B   Listen and choose.

	1.	2.	3.	4.	5.	6.
vrai						
faux						

Lecture culturelle   Des fêtes en France

Activité A   Read and listen.

Le mariage
1. En France, le mariage civil est obligatoire.
2. Le mariage religieux a lieu à la mairie.
3. Après le mariage, il y a une réception.
4. La réception n'a jamais lieu chez la mariée.
5. La pièce montée est l'endroit où a lieu le mariage.
6. On mange des tartines de pain quand on boit le champagne.

Noël et Hanouka
1. À Noël, les enfants mettent leurs souliers devant la porte.
2. La messe de minuit a lieu le soir du 24 décembre.
3. On mange souvent de la dinde à Noël.
4. Hanouka est une fête juive.
5. Les enfants allument une bougie tous les soirs.
6. Les enfants ne reçoivent pas de cadeaux à Hanouka.

Activité B Read and choose.

Le mariage
1. En France, le mariage civil est obligatoire.
2. Le mariage religieux a lieu à la mairie.
3. Après le mariage, il y a une réception.
4. La réception n'a jamais lieu chez la mariée.
5. La pièce montée est l'endroit où a lieu le mariage.
6. On mange des tartines de pain quand on boit le champagne.

	1.	2.	3.	4.	5.	6.
vrai						
faux						

Noël et Hanouka
1. À Noël, les enfants mettent leurs souliers devant la porte.
2. La messe de minuit a lieu le soir du 24 décembre.
3. On mange souvent de la dinde à Noël.
4. Hanouka est une fête juive.
5. Les enfants allument une bougie tous les soirs.
6. Les enfants ne reçoivent pas de cadeaux à Hanouka.

	1.	2.	3.	4.	5.	6.
vrai						
faux						

Deuxième partie

Activité A Listen and choose.

LA CHANDELEUR	MARDI GRAS	PÂQUES
1. a b	1. a b	1. a b
2. a b	2. a b	2. a b
		3. a b

Activité B Listen and read.

LA MARSEILLAISE

Allons enfants de la Patrie
Le jour de gloire est arrivé!
Contre nous, de la tyrannie,
L'étendard sanglant° est levé.   étendard sanglant *bloody banner*
L'étendard sanglant est levé.
Entendez-vous dans les campagnes
Mugir° ces féroces soldats?   mugir *roar*
Ils viennent jusque dans nos bras
Égorger nos fils, nos compagnes!

Aux armes, citoyens! Formez vos
   bataillons!
Marchons, marchons! Qu'un sang impur
Abreuve nos sillons°.   Abreuve nos sillons *Soak our fields*
                                         (furrows)

Activité C Sing!

LA MARSEILLAISE

Allons enfants de la Patrie
Le jour de gloire est arrivé!
Contre nous, de la tyrannie,
L'étendard sanglant° est levé.
L'étendard sanglant est levé.
Entendez-vous dans les campagnes
Mugir° ces féroces soldats?
Ils viennent jusque dans nos bras
Égorger nos fils, nos compagnes!

Aux armes, citoyens! Formez vos
   bataillons!
Marchons, marchons! Qu'un sang impur
Abreuve nos sillons°.

CHAPITRE 13

Nom _____ Date _____

Le savoir-vivre

Vocabulaire Mots 1

Activité 1 **Listen and repeat.**

Activité 2 **Listen and answer.**

1.

2.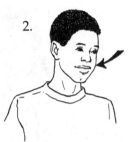

3.

4.

5.

6.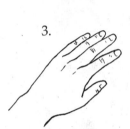

7.

8.

Activité 3 **Listen and choose.**

	1.	2.	3.	4.	5.	6.	7.	8.
bien élevé(e)								
mal élevé(e)								

Activité 4   Listen and choose.

	1.	2.	3.	4.	5.	6.	7.	8.	9.
C'est poli.									
C'est malpoli.									

Vocabulaire   Mots 2

Activité 5   Listen and repeat.

Activité 6   Listen and answer.

1.

2.

3.

4.

Activité 7   Listen and choose.

	1.	2.	3.	4.	5.	6.	7.	8.
furieux(-se)								
triste								
étonné(e)								
content(e)								

Structure

Activité 8 Listen and answer.

Activité 9 Listen and respond.

	1.	2.	3.	4.	5.	6.	7.	8.
boire								
comprendre								
pouvoir								
recevoir								
savoir								
venir								
voir								
vouloir								

Activité 10 Listen.

Activité 11 Listen and repeat.

Activité 12 Listen and react.

Conversation (Il faut qu'on s'habille.)

Activité A Listen.

Activité B Listen and choose.

	1.	2.	3.	4.	5.	6.
vrai						
faux						

Lecture culturelle (Le savoir-vivre en France)

Activité A Read and listen.

1. appeler tout le monde par son prénom
2. embrasser quelqu'un qu'on connaît sur les joues
3. serrer la main pour dire bonjour
4. dire bonjour sans ajouter monsieur, madame ou mademoiselle
5. mettre les poignets sur la table

Activité B Read and choose.

1. appeler tout le monde par son prénom
2. embrasser quelqu'un qu'on connaît sur les joues
3. serrer la main pour dire bonjour
4. dire bonjour sans ajouter monsieur, madame ou mademoiselle
5. mettre les poignets sur la table

	1.	2.	3.	4.	5.
poli					
malpoli					

Deuxième partie

Activité A Listen and choose.

1. a b c
2. a b c
3. a b c
4. a b c
5. a b c
6. a b c

CHAPITRE 14

Les professions et les métiers

Première partie

Vocabulaire Mots 1

Activité 1 Listen and repeat.

Activité 2 Listen and answer.

1.    2. 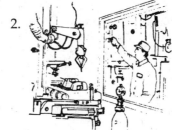   3.

4.    5.    6.

Activité 3 Listen and answer.

Vocabulaire Mots 2

Activité 4 Listen and repeat.

Activité 5 Listen and answer.

Activité 6 Listen and choose.

travailler à peu près 20 heures par semaine _____

un emploi _____

être sans travail _____

ce qu'on lit dans le journal quand on cherche du travail _____

une société _____

l'endroit où on va quand on cherche du travail _____

pouvoir commencer à travailler _____

travailler pour soi _____

quelqu'un qui travaille pour un employeur _____

travailler 35 heures par semaine _____

Structure

Activité 7 Listen and respond.

	1.	2.	3.	4.	5.	6.	7.	8.
C'est sûr.								
Ce n'est pas sûr.								

Activité 8 Listen and answer.

	1.	2.	3.	4.	5.	6.	7.	8.
moi								
quelqu'un d'autre								

Activité 9 Listen and answer.

Conversation Au bureau de placement

Activité A Listen.

Activité B Listen and choose.

	1.	2.	3.	4.	5.	6.
vrai						
faux						

Lecture culturelle Un jeune homme appelé Bobby

Activité A Read and Listen.

1. Bobby est américain.
2. Il a commencé le français à l'université.
3. Il a travaillé au Corps de la Paix.
4. Il a passé un examen pour entrer au Ministère des Affaires Étrangères.
5. Il a été consul au Mali.
6. Il est maintenant attaché culturel en France.

Activité B Read and choose.

1. Bobby est américain.
2. Il a commencé le français à l'université.
3. Il a travaillé au Corps de la Paix.
4. Il a passé un examen pour entrer au Ministère des Affaires Étrangères.
5. Il a été consul au Mali.
6. Il est maintenant attaché culturel en France.

	1.	2.	3.	4.	5.	6.
vrai						
faux						

Deuxième partie

Activité A Listen and choose.

JULIE ET SERGE

1. a b
2. a b

NATHALIE ET SON COPAIN

1. a b
2. a b
3. a b

ÉDOUARD ET UNE AMIE

1. a b
2. a b
3. a b

JÉRÔME ET SA COPINE

1. a b
2. a b
3. a b